◎ 与沙特阿拉伯AL-MOBTY集团总裁ABDULLAHS先生合影（由ABDULLAHS总裁提供）

◎ "智慧佛山，携手发展，和谐共赢"，林伟雄（左一）与佛山市总商会主席叶德林（右二）在第七届佛山企业"两会"换届选举暨第四届佛山市企业家活动日

◎ 林伟雄（左四）在伟雄集团旗下顾地科技股份有限公司上市仪式上

◎ 林伟雄（左五）在伟雄集团旗下顾地科技股份有限公司上市庆典答谢酒会上

◎ 林伟雄在庆祝湖北顾地十周年大会上致辞

◎ 林伟雄（前左一）在顺德民营企业投资商会及顺德中小企业信用互助协会与暨南大学建立战略合作伙伴的签约仪式上

◎ 2010年9月8日,林伟雄(左二)参加"暨南大学EMBA顺德班"签约仪式,图为嘉宾们共同举行了浇注仪式

◎ 顾地塑胶西北生产基地——甘肃顾地塑胶工业园开工典礼

◎ 广东伟雄集团董事局主席林伟雄（右一）与山东名嘉集团董事长谢硕文在签订采购合同仪式

◎ 伟雄集团高明工业园内拥有一座二百多亩的花果山，每年吸引省内外客人前来观光游览

◎ 林伟雄（中）在高立信（香港）智能电气有限公司进行考察，与公司高层任总和胡总现场交流

◎ 顺德民营企业投资商会会长林伟雄在商会2010年春茗暨乔迁庆典上致辞

◎ 2007年8月9日,林伟雄(后右五)陪同顺德区政协考察团一行在伟雄集团高明工业园花果山

◎ 2010年4月28日,林伟雄在第九届外交官之春暨第五届杰出华商大会财富领袖论坛"2010中国绿色城市"颁奖典礼上

◎ 林伟雄在顺德大会堂与企业家们一起分享创业心得

◎ 2009年5月29日,林伟雄(左一)参加中国佛山—俄罗斯投资贸易合作交流会

◎ 林伟雄（中）与中山圣雅伦有限公司董事长、指甲钳大王梁伯强（右三）和井田商学院伟雄商道第1期学员在一起

◎ 2012年11月6日，林伟雄（右二）在美国参加世界顺德联谊会第八届恳亲大会

◎ 林伟雄（二排左五）参加顺德总商会赴美国、加拿大经贸考察团

◎ 伟雄集团旗下重庆顾地公司向贵州贫困山区排调民族小学等学校捐资捐物

◎ 2015年2月6日,顾地科技股份有限公司总裁林超群(左四)与副总裁林昌华(右二)陪同广东省、湖北省工商联领导一行考察顾地公司

◎ 2017年6月8日,广东省建筑装饰材料行业协会会长兰芳为伟雄集团4家公司颁发副会长单位牌匾和证书。林氏姐弟三人在发布会上:林超明(右三)、林昌华(右一)、林昌盛(左一)

◎ 林伟雄全家福——在深圳锦绣中华（于20世纪80年代）

中国建筑终端产品之王
林伟雄

黄康俊/著

图书在版编目（CIP）数据

中国建筑终端产品之王林伟雄/黄康俊著.—北京：经济管理出版社，2018.3
ISBN 978-7-5096-5740-9

Ⅰ.①中… Ⅱ.①黄… Ⅲ.①林伟雄—传记 Ⅳ.①K825.38

中国版本图书馆 CIP 数据核字（2018）第 082759 号

策划编辑：勇　生
责任编辑：胡　茜
责任印制：司东翔
责任校对：陈　颖

出版发行：经济管理出版社
　　　　　（北京市海淀区北蜂窝 8 号中雅大厦 A 座 11 层　100038）
网　　址：www.E-mp.com.cn
电　　话：（010）51915602
印　　刷：三河市延风印装有限公司
经　　销：新华书店
开　　本：720mm×1000mm/16
印　　张：16.5
字　　数：157 千字
版　　次：2018 年 7 月第 1 版　2018 年 7 月第 1 次印刷
书　　号：ISBN 978-7-5096-5740-9
定　　价：58.00 元

·版权所有　翻印必究·

凡购本社图书，如有印装错误，由本社读者服务部负责调换。
联系地址：北京阜外月坛北小街 2 号
电话：（010）68022974　　邮编：100836

谨以此书
向中国改革开放 40 周年献礼

楔　子

这是一个从草根平民成长为民族产业王者的创业故事。

故事的主人公叫林伟雄，他创立的集团也是以自己的名字命名的，就叫伟雄集团公司。其实，在这个"吃饭，睡觉，做老板"的中国商都顺德，用老板名字命名的公司并不多，所以别以为林伟雄高调，他做老板这30多年，几乎不接受任何采访，"曝光率"不高，他有着顺德人特有的个性：低调，内敛，闷声发财，只做不说。所以他笑着解释："用我的名字作为公司名，是想表示我做人做事一样，行不更名，坐不改姓。"

意思也就是他做人做事一样真实、诚信、够淡定、够自信、够从容。他就是个本色的顺德人。

然而，对于做好产品，做好品牌，做一番"伟雄"事业，林伟雄却是最有"心机"的，也是不怕出名的，所以他做得出扬名全国的好产品，拥有"顾地塑胶""松本电工""正野电器""威利坚机器"等包括中国驰名商标在内的著名品牌，成为了中国建筑终端品牌的王者，被业界誉为"五子登科"！只不过，可能没多少人知道，这么多品牌，竟然都是出自林伟雄之手，或者不知道这全出自一个集团公司。

林伟雄和他的伟雄事业，只是"可怕的顺德人"的一个缩影。

那是1979年盛夏，35岁的林伟雄结束了单身的日子，开始"成家立业"，从一河之隔的大良镇，来到容桂镇一个叫顾地的村子，当上了村办厂的厂长。村里给出的条件是3600元经费、9个社员和一间百余平方米的废置养蚕房。于是，一个珠三角民间创业传奇，在顺德顾地村悄然揭开。

这个时序节点相当早，距中共十一届三中全会召开、全国改革开放才刚刚过去半年；距我国最早实行对外开放政策的四个经济特区成立，还有整整一年。同为顺德美的创始人的何享健，此刻仍在北滘公社塑料生产组上班，离他制造第一台电风扇还有一年。

没有什么先天条件，也没有任何背景，只读过六年小学的林伟雄，凭借顺德人与生俱来的商务血统和精神，拼上"踏石留印、抓铁有痕"的力量和狠劲，用了十多年的时间，就创建出一个中国建筑终端产品的王国，揭开了中国业界"以塑代钢""以塑代木"的第一页，填补了国内行业多项空白，夺得了多个"中国第一"的桂冠，造福于一个古老的民族，同时也缔造了一个平民百姓白手兴家的创富神话。

这样一个人，大半辈子只执念做好一件事，就是做建筑物终端所需的产品。到了21世纪，林伟雄还是围绕"建筑终端产品"展开，纵横捭阖，拓展延伸，继续创新自己的江湖版图，将伟雄的事业做得更加"伟雄"——建立起一个集制造、经贸、科研、营销于一体的现代化大型企业集团，横跨建筑终端多系列产业，产品涉及塑胶新材、管道线槽等，广泛应用于建筑内给排水、燃气采暖、市政排水排污等，还涉及电工、电气、照明、智能化、板业等众多门类。仅旗下的顾地科技股份有限公司（深交所A股上市），就在广东、湖北、重庆、北京、河南、马鞍山、邯郸、甘肃拥有八大生产基地；拥有全资或控股的"国家级高新技术企业""全国名牌企业"20多家；产品遍布国内大江南北并覆盖世界60多个国家和地区——从北边的钓鱼台国宾馆到南边的大亚湾核电站，从古典的北京王府饭店到现代的新白云国际机场，从亚洲到欧洲，从非洲到北美，被广泛应用于重点或标志性建设工程；与跨国公司如沃尔玛、百安居、家乐福、法雷奥、Lights of America、G&S PARTNER、Dula、Metal Press、NPI、Maxim等知名企业携手合作，共荣共赢，扬我国威。

创业39年，栉风沐雨，矢志不渝，始终长歌当啸，稳步奋进，力行无顾。相对于中国企业平均只有三年生命周期来说，已近"不惑之年"的伟雄集团，等于捱过了13"代"企业，或打败了13位历史对手，这实属不易。

没错，林伟雄是我国改革开放后最早"出道"的中国民营企业第一代创业者，也是在我国传统老板断代史上横空出世的新时代老板，天降大任于斯人，想必其危也大，其机亦多，能拥有今时今日的地位，当一定有其过人之处。但凡强者智者，都绝不等待天上掉馅饼。那么，这个伟雄和他的伟雄事业，是如何"做"出来的？

这便是我们要探究一番的缘由。

Contents
目　录

第一章　"妈妈教我做人要勤力" / 001

第二章　有力使不出的窘迫 / 009

第三章　四个月监狱和三次逃港 / 017

第四章　良禽择木，凤栖梧桐 / 027

第五章　苦挣"外快"一心办工厂 / 035

第六章　开创"以塑代钢"时代 / 043

第七章　工欲善其事，必先利其器 / 053

第八章　品牌觉醒："我们要做牌子货" / 065

第九章　顾地：第三次技术革命 / 077

第十章　松本：第二次裂变与扩张 / 085

第十一章　艰难蝶变，华丽转身 / 097

第十二章　顺德民企"出走"第一人 / 109

第十三章　正野：第三次裂变与扩张 / 119

第十四章　点石成金的魔力 / 127

第十五章　"像做国旗那样做产品"（一） / 135

第十六章　"像做国旗那样做产品"（二） / 143

第十七章　稳坐华南，逐鹿全国（一） / 151

第十八章　稳坐华南，逐鹿全国（二）/ 163

第十九章　磨剑经年，大器见伟雄（一）/ 173

第二十章　磨剑经年，大器见伟雄（二）/ 181

第二十一章　"五子登科"：李逵无奈战李鬼/ 189

第二十二章　山前有路，山外有山 / 201

第二十三章　踏石留印，与世界并行 / 211

第二十四章　家族企业经营者的自省 / 219

第二十五章　雄才辈出，奋楫者进（一）/ 229

第二十六章　雄才辈出，奋楫者进（二）/ 239

后记 / 253

| 第一章 |

"妈妈教我做人要勤力"

> 小来思报国,不是爱封侯。
>
> ——岑参

1944年农历午月，林五妹在广州生下了林伟雄。这个甲申年出生的"猴子"，却是个非婚生育的孩子，日后还随母亲姓林。上天似乎注定，这个孩子必将命途多舛。

母亲林五妹是从顺德伦教林地村进省城做工的，当时在有名的"南中国之冠"爱群大厦酒楼当"咨客"（迎宾人员），那是个显露权力和身份的场所，是羊城上流社会达官贵人出入的地方。有个叫崔挺生的富家子弟，看上了容貌出众的林五妹，不顾自己已有妻室，在外"金屋藏娇"，之后就有了儿子阿珠（林伟雄乳名）。名义上父亲的崔氏家族当时显赫一方，家财万贯，拥有广州市六榕路半条马路的商铺，却没有丝毫"造福"于阿珠母子。为逃避战乱，母子俩跟随他四处躲藏，居无定所。在阿珠三岁那年，父亲因故离世，母子俩从此便没了依靠，生活难以为继，漂泊度日。无奈，母亲带着8岁的儿子回到娘家顺德，来到大良镇隔江5巷一座有天井的旧屋，租了间偏房安顿下来。这时，已是中华人民共和国成立后的第三年。

孤儿寡母相依为命，母亲终于在大良毛巾厂谋得一份纺纱工的差事，尽管日子很艰难，母亲仍然执意要把儿子送进旁边的隔江小学读书，以指望儿子日后能识文断字有出息。在阿珠的记忆中，母亲时常念叨的一句话就是："做人勤力①，有做有食"。母亲不仅做出好样子，勤劳养家，还教导他要"勤力读书才有出息，勤力做工才能找到食"。林伟雄非常佩服母亲的坚

图1-1　林伟雄全家福——在深圳锦绣中华（于20世纪80年代）

---

① "勤力"意同"勤劳，勤奋"。

毅、自强、执着和勤劳，感谢母亲用唯一的、伟大的爱陪伴了自己的前半生，让他终身受用不尽。

儿时的阿珠，身体消瘦，体弱多病，每天想的只是怎样才能填饱肚子。在中华人民共和国成立初期物质极度匮乏的年代，阿珠家每日只吃两顿稀粥，饿得头晕眼花、瘦骨嶙峋的阿珠无心向学，每天就带着一班"小饿鬼"在街头巷尾四处转悠偷吃人家的东西。林伟雄回忆道："小学时无心读书，每天一放学，就把书包塞进社公（土地庙）石头下藏起来，然后带上一班小兄弟，四处去偷东西吃，像伦文叙小时候的做法一样，唉，因为饿呀。六七个小伙伴，我做头目，有时去偷人家的面饼、食油、豉油，更多的时候去偷摘人家的水果，木瓜、香蕉、甘蔗、沙梨、枇杷等，但不敢多偷，只偷一点充饥。街道组长家有棵木瓜树，结的果又多又大。有一次小伙伴们偷了一只七八斤重的木瓜，街道组长没抓住人，就赖到我头上。他是街道领导，找我妈投诉，要折价赔钱，我妈也以为是我，气得不行，不吃不喝。我不怕她打我，就怕她生气不吃饭，于是我跪下来求她，认错，说以后不敢了，但后来还是跪过很多次。当时教我的班主任是何慧懿老师，校长是吴波，他们对我们这些'偷食唔（不）怕犯错'的学生也是很无奈的，以至于几十年后，我们师生聚会，这位白发苍苍的女校长还记得我的'光荣历史'，说旧时读书最差就是你，不过现在生意做得最好的也是你。我笑着逗她：'校长，这都是您教育得好，我日后有长进嘛。'过后，我一直在想，那是因为我们社会的物质太贫乏了，才激起我们日后要辛勤奋斗，创造财富，去发家致富啊！"这一说法，也可作为今日林伟雄成功之路的一个最好的解释。

"要活命！就要有东西吃！"这是小学时期的林伟雄脑子里时刻盘踞不走的意念。

1958年，党中央提出了"鼓足干劲、力争上游、多快好省地建设社会主义"总路线，主张工业和农业、中央工业和地方工业、大型企业和中小型企业同时并举的"两条腿走路"的方针。顺德县响应上级号召，在全县迅速铺开塘鱼、甘蔗、蚕桑高产试验行动；1958年7月，发动10万人开始大搞土法炼钢铁，同时全县组织一支200多人的伐木队，作为外出副业队投入经济建设。此后便演变为"大跃进"运动。

这时，面对正在轰轰烈烈进行的"大跃进"运动，刚刚读完小学六年级的林伟雄便不想再读书了。林伟雄说："我得出来做工，妈说勤力才有得食，那时就想着怎样能吃饱肚子。"这时有传言说，出外做伐木工每月能拿到36元工资、吃45斤大米，林伟雄心想做了这份工，日后就不愁饿肚子了，一时高兴得不得了，也没多想，就跟着人家走了。

其实，那时林伟雄才14岁，还未成年，算是童工，是全县伐木工中年龄最小的一个，但那时没人去管这些，林伟雄心里还感激上头能给了自己这样的好机会呢。

为求两餐，心存幻想，长途跋涉，不畏前路。林伟雄跟着大队伍坐上一辆烧木炭发动的破汽车，昏天黑地颠簸了两天，先到了增城永汉，后到了惠州龙门，在沙迳林场，开始了自以为可以"食饱肚"的伐木生活。然而，接下来繁重的伐木活儿，却让瘦弱的林伟雄吃尽了苦头，后悔不迭，以至于林伟雄后来对这一经历一直刻骨铭心："在伐木队的那段日子，是最艰苦最磨炼人的，我们睡临时工棚，风餐露宿，没日没夜突击，流血流汗，砍下大树后再一截截锯断，还要一根根从山上抬下来，等下大雨时用水力冲到溪边，再将木材扎成排堆到河面上，然后才能漂流运出去。那时我身体特别瘦小，才1米多高，体力不够，做什么都比人家差一截。开始让我负责扛木头，但那些木头都太大，我很难扛得起。伐木队总负责人是顺德公安局副局长王仁林，他同情我太瘦小，跟不上人家，便把我抽到大队部做打杂工，烧水、扫地什么事情都得干。每次上山，要是山间树林茂密，队长就押我在前面给大家探路，要踩出一条路给后边的人，会经常遇到毒蜂、蛇、毛毛虫，常常受伤。熬了大半年，换了个大队长，就不让我做打杂工了，把我调到中队去，先是让我上山割山藤，就我一个人，到密林中爬树割山藤，扎木排使用；后来还安排我和另外两个人送粮到下面中队，每人每天挑80斤大米，来回走六到八小时山路，不管刮风下雨，一定要送到地方。日日都是如此，我咬着牙也得熬，我知道只有这样才能养活自己，我从小除了读书，做什么事情都很勤力，都不肯输给人家，我不能让别人看不起，更不能当逃兵。我有我妈妈的那股坚韧劲儿，做了两年伐木工，再苦再累，我从没掉过泪，没哭闹过。我发誓要养活自己，还要负责养好母亲，眼下我不用读书了，我就要成大人了，我出来做工，还可以减轻母亲的负担，日后还要学更多本领，不光养家糊口，还要挣更多钱，过更好的日子。我当时想得很简单，就想着要靠自己吃苦勤力，改变妈妈一个人十几年来带我过的那种苦日子，我妈当时只有我一个孩子，我得争口气。"

| 第二章 |

有力使不出的窘迫

> 谋无主则困,事无备则废。
>
> ——庄子

苦熬了两年，林伟雄才结束了伐木工的生活，回到母亲身边。当年林伟雄 16 岁。

这正是新中国"三年困难时期"中的 1960 年，在伐木队做工还能混一口饭吃，现在待在家中，又要面临挨饿的日子了。这一时期，全国到处闹灾荒，地处珠江三角洲一带的顺德，也好不到哪儿去，同样出现饥荒、逃荒、水肿、饿死人的灾难情景。为了挣一口吃的，母亲托了个熟人，把林伟雄安插进大良街道服务队干零活。

林伟雄把这段日子叫作"水仙头"——像浮在水中的水仙球那样没根底，漂浮不定，干没有固定职位的工作。他每天一早就在街边蹲守，遇到人家有需要才上门干活，相当于现在街头常见的"散工"。这样做工没有保障，有时一两天也没事做，也就挣不到一分工钱，常常一天下来只吃一餐。林伟雄很苦闷：几时能进个厂，有份固定工做、有口饭吃就好了。十多年后，改革开放的春风吹来，林伟雄一朝当上了大老板，在全国安置了7000多人就业，解决了7000多个家庭的生活出路，他曾深有体会地把自己当年"有力气找不到活干"的故事讲给他的员工们听，让大家知道要珍惜今天这份来之不易的工作，他还颇有感触地说："我多年来都是这个想法，一个人，能得到一份体面的工作，就算是有好福气了。"

因为找到挣钱的工作不容易，所以每次能揽到活，林伟雄都是尽心尽力做到最好。这也造就了他日后对待每个人、每件事的态度都很认真、很有诚意，并珍重和把握好每一次机缘，无论处于什么样的逆境，都不会失去信心，从而让自己慢慢变得更强大。

接下来，街道服务队组织了一个运输队，说是运输队，其实是用单车拉货。林伟雄说："当时整个大良镇才六辆小型运货车，运力是远远不够的，街道服务队利用'红棉牌'单车拉货，简单、方便、受欢迎。我和叶新、阿良由老师傅潘坚领着，负责承接收集镇上散户做的鞭炮，还有运送大良橡胶厂的油桶。潘师傅是中山人，踩单车技术相当高，一车载重500斤不成问题，效率很高，我们就跟他学，日夜练车，后来技术也是顶呱呱的。去买水泥，买方以为我们不行，只限买两包，我一次能搭七包。这样一做就是一年多。在运输队，我懂得了：做好一份工，就要有好的技术，有好技术，就有好效率，有好效率，就有好效益，有好效益，就能做得长久。这对我日后做企业讲技术、讲质量、讲管理是有帮助的。"

在街道服务队这段"水仙头"般的日子，因为干的是"漂浮"不定的工作，自然迫使林伟雄多想办法、多找门路去挣钱，这也让他的商业意识得到激活和启蒙。平日要是没有货运时，林伟雄和伙伴就利用这个空档，去帮当地雪条厂推销雪条。四个伙伴分头行动，林伟雄用单车搭着雪条，到附近的杏坛镇一带流动贩卖，每次进一箱货500条，入货价每条2.5分，卖出是5分，每天卖完可挣十多元，除非刮风下雨，一般利润还是很可观的。20世纪60年代后期一天能挣十多元钱，是很令人满意的。最主要的是让林伟雄的经商天赋得到了较早的开发和锻炼，也让他第一次尝到了"做生意"的甜头，从而增强了更多的商品经济意识，为他日后善于抓住机遇，在改革开放搞活市场经济第一波大潮到来之时，就勇敢地成为第一批"吃螃蟹"的企业家，并取得成功，打下了良好的基础。

位于珠江三角洲的顺德，历史上除了有着优质的农耕文明传统外，还是我国近代南方工业文明基地。早在1898年，顺德龙江人薛广森在大良开办广东首家机器修造厂——顺成隆机器厂，揭开了粤人"以实业兴邦"的蓝图。中华人民共和国成立后，当地各级政府也因地制宜，与之相应地建起一批县、镇、乡、村属工厂。20世纪80年代前，顺德以桑基鱼塘为基础，种桑养蚕、加工蚕丝支持了顺德丝绸工业的发展；顺德盛产甘蔗，与此对应的则是糖业加工厂，顺德糖厂当时的规模位居全国第一。在很长一段时间内，顺德一直以农业生产原料为主体

图 2-1　顺德大良镇（20 世纪 90 年代）

发展工业，致使农机行业相当发达，如顺德农械厂生产"工农10型"手扶拖拉机的发动机；顺德农机工厂生产鱼塘的增氧泵、农机具等；顺德电机厂生产电动农具的马达；而非农业相关的有广东锻压机床厂，还有生产民生用品的大良塑料一厂、塑料二厂和印刷厂。

1974年，林伟雄在大良街道服务队"水仙头"般"漂浮"了十几年后，终于发觉这样"挨日子"的做法无疑是浪费青春，当时，他已经是30岁出头的人了。所谓"三十而立"，他不仅未立业，也没有成家。他终于坐不住了，他找到了大良塑料一厂的陆明师傅，谈及了自己很想做一份实业的设想，因为这两年，他通过与师傅的接触和交往，知道办塑料厂还是有利可图的，而自己眼下也具备了带头办厂的能力。他想帮助自己的户籍所在地大良南三四分区，创办一家街道塑料厂，让自己有力气使得出，既保障自家的经济来源，同时也给街道的年轻人提供一份工作，带动更多人就业。

林伟雄找了街道办主任，说明了办塑料厂的想法和主张，街道办主任觉得林伟雄的想法很实在，也可行，很快就同意了。为表示负责监管，街道办主任还挂名当厂长，让林伟雄当业务厂长。很快，阳春三月，一家名为"大良镇南三四分区塑料厂"的街道小厂，就在顺峰山下的"观音景"（原大财主遗落的大花园）挂牌开工了。

塑料厂属于街道办厂，那时没工作的妇女、年轻人特别多，大家都想挤进来，结果一下子就来了50多人，造成人多活少的局面。他们生产的主打产品是电池盖，是承接广州虎头牌电池厂的配件，同时还为一些药厂加工塑料药瓶等，算是"来样加工"。由于员工费用多，利润自然比较低，效益不算很好，只能维持职工最低工资水平。

于是林伟雄就想办法打开生产门路，多找项目增加收入。他看到当时市面上塑料日用品消费比较好，尤其是塑料餐具很受大众欢迎，便从中发现了商机，认为塑料汤匙是个稀缺市场，于是，林伟雄决意要自主开发这一新产品。

他找到自己的老师傅连因，让他耗费了一个月左右的时间，硬是用手工凿出了汤匙模具，随后试制投产，一举成功。一时震惊省内外，被报纸电台称为"中国第一只塑料汤匙竟然是由顺德县大良街道厂生产的"。产品投放市场后，销路果然很好，一时供不应求，厂子的利润也丰厚起来，塑料汤匙生产便成了大良镇南三四分区塑料厂的主打产品。

工厂效益上来后，南三四分区街道脸上也有光了，街道领导自然对工厂"加强领导和管理"，经营上的环节也多起来，因此工厂原来的生产进程也受到了干扰和阻碍；同时，各地塑料厂"一窝蜂"模仿生产塑料汤匙，产品很快过剩，一年多后，风光难再，南三四分区塑料厂又面临严峻的局势。

为了寻找新的出路，林伟雄继续想方设法，不断试图去改变现状，扭转局面。他找来义父黎四——这位大良机械厂的创始人，共同开发了一个广东省唯一的维修手枪项目，承接顺德乃至佛山地区以外公安局的手枪维修工作，以此来增加工厂的收入。林伟雄也不去计较个人的职位待遇和得失，遇到厂里没电时，他就骑到"土车床"上去，像踩单车一样，用双脚踩车链拉动车床，以保障正常生产；他还在生产线上和大家一起搬运装配产品，干各种粗重活，每天总是最早一个上班、最晚一个下班，一心就想着怎样才能搞活这家小厂，养活这50多个工人。林伟雄说："当时街坊都怜惜我，说我只为大家操心，30岁的人了，忙到连恋爱都没时间谈，老婆娶不到，大家过意不去。我知道，街坊们这是对我好，正因为这样，我更应该勤力为大家。只是那时候，环境所限，政策规定多，条条框框多，我总是感觉有力气使不出。"

| 第三章 |

四个月监狱和三次逃港

> 不乐寿,不哀夭,不荣通,不丑穷。
>
> ——庄子

林伟雄很会挣钱，是个天赋异禀的商界奇才，在顺德这个盛产老板的地方，这是被公认的，以至于中小老板或比他大的老板，如今还尊称他为"师傅"。

然而，在20世纪70年代初期，这位"师傅"算是生不逢时，他的经商才华受到严重束缚，他曾小试过身手，没想到却要为此付出巨大的代价！

自小养成勤奋做事的习惯，也使林伟雄有着不肯服输的性格，从供销员做到副厂长后，林伟雄才感到办厂的艰难和责任重大，想着要把厂子办好，别被人家看低，所以整日就一个心眼，千方百计去开拓增产增收门路，想法子要让跟着的这班兄弟姐妹有饭吃。这样一来，自然就没有更多的心思去顾及个人事情，乃至把婚姻大事也耽误下来，30多岁了还是单身。这不光让母亲着急，厂里的同事也跟着着急。林伟雄回忆说："当时七八十人跟着做工，这么多家庭等着吃饭，我也无心打理自己，每月只领75元工资，哪有积蓄啊！"

夜里静下来，终于想想该为自己攒一点"老婆本"了，这时候林伟雄这个有"挣钱"本事的头脑，才想到要为此尝试一把。

当时，国门初开，海外华侨可以陆续回国探亲了，邻近的均安镇是华侨和自梳女回国探亲最多的，他们从海外带进来红花油、万花油、火石、尼龙线等抢手的药品或日常生活用品，都是国内十分稀缺的，颇受民众喜爱。起初林伟雄经常到外省出差，需要走市场拉关系时，总会顺便捎上一些，作为小礼品送给关系客户。但之前，他却从没考虑到可以通过市场转手买卖赚差价，其实，这里面还藏着一个大商机呢。想到这个点子后，每次出差，林伟雄便捎带上一些在均安购进的"洋货"，利用工作之余，顺手转给那些熟客，一般总能卖到高出两三倍的价钱。同时，又从湖南、陕西等地捎带回当地化工厂生产的杀虫剂等紧俏的农药产品，赚取两地差价。这样，林伟雄便可以通过每次出差跑供销的便利，偷偷地赚一点"外快"，也算是一举两得，利人利己吧。

然而，这利人利己的做法还没做过几回，一场历史性灾难顷刻降临到林伟雄头上，几乎要毁灭他的人生。

其实这也是一个时代的人祸。那时，国内盛行阶级斗争扩大化，过分夸大和打击违背"社会主义经济"的行为。例如，每户养3只鸭子是社会主义，养4只就是资本主义，就是违法，就要割资本主义尾巴；人们私下交易任何物品，哪怕是农民家庭出售多余的农副产品，也都被视为"投机倒把"的犯罪行为，

图 3-1　林伟雄（中）与佛山市企业家协会成员在"2011情漫花果山，携手话友谊"——花果山龙眼品尝会上

要加以严厉制止和打击。在一次出差回来的晚上，公安人员突然上门，将林伟雄逮捕，关进了收容所。理由是：林伟雄外出时"投机倒把"，走资本主义道路。

林伟雄被定性为"投机倒把"分子，也就是当时批斗的五类分子之一，属"地、富、反、坏、右"中的"坏"分子。

这是要被斗争和镇压的。

上午，在大良镇人民大会堂，容纳了万人的会场上，林伟雄被绑上双手，胸前挂着一个压扁的香烟大纸箱，上面写着"打倒投机倒把分子林珠"的标记，还把"林珠"的名字划上红叉，接受人民群众的批斗；下午，在南三四区某某大街，多次出现相同的一幕：挂着"打倒投机倒把分子林珠"的牌子，林伟雄被专政人员押着游街示众，人们敲锣打鼓，群情激昂，高呼着批判的口号，不停地推搡打击这个"投机倒把分子"，还有人投来石子土坯，以表示对这个"坏分子"罪行的憎恨，并以此划清界限……

"投机倒把分子"林珠，被关进收容所改造，一关就是四个月。这期间，他每天除了学习政治，写思想检讨、写汇报外，就是被拉到各街区轮番批斗。林伟雄每天忍受着精神和肉体的折磨，但他始终想不明白，自己用钱买来的物品，再转卖给更

图 3-2　林伟雄（右一）参加世界顺德联谊会第八届恳亲大会

需要的人，互通有无，大家你情我愿，这怎么就算犯法了呢？怎么就是走资本主义道路了呢？虽然白天写检讨时，必须按上头指定的"罪行"来检讨自己，在街上被批斗时要大声讨伐自己，但每当夜里躺下来时，就总是眼睁睁盯着漆黑的房顶睡不着，他感到十分冤屈、无助。

在收容所关了四个月，母亲也为儿子担惊受怕了四个月，每次一听到街上有敲锣打鼓的声音，老人家就误以为是人家又斗争她儿子了，以至于日后几十年，凡听到类似声响，就习惯性地浑身打战。

从收容所出来后，林伟雄就再也回不到他的南三四分区塑料厂了，别说是副厂长，就连工人也不给做了。不过这个"坐过牢"的人，不像别的五类分子那样让街坊们觉得很可恶，大家知道他只是"比别人更会做生意"，会挣钱，不过头脑用错了地方，犯了点错（不是罪）而已。当时大良派出所所长罗汉就在一个会上公开说：林珠是人民内部矛盾，不是敌我矛盾，我们要正确对待。为此，今日林伟雄和笔者谈起这些，还颇为感激，他说："罗所长这人不错，他当时保护了我，不作敌我矛盾处理，不把我判刑，没给我留下历史污点，让我这个'投机倒把坏分子'，日后还有机会成为企业家，我真心感谢他，你要帮我记上他这点好。"

也许，这就是素有商品意识的珠三角人共有的那种"善意"和胸怀吧，在那个特定的"阶级斗争扩大化"年代，林伟雄得到这种"开脱",也算得上是他的"造化"。

但是,现实是严峻的。

"出狱"后,林伟雄就注定要失业了。

当时都是集体或国营性质的工厂,没有单位肯用一个"坐过牢"的人,他又没有私人干活挣钱的场所,自己也没有一技之长,林伟雄开始为生存问题发愁了。

虽然住在集镇上,林伟雄也知道有很多东西可以转手买卖,若是凭他过人的经商意识,稍微动一下门路,挣点吃饭钱是不愁的。但是,这已是一条"犯罪"之路,是一条死路,就是饿死,日后也再不敢碰了。

眼下,林伟雄已成为无路可走的一只"困兽"。

这时,有人向他出了个主意:逃港,逃到香港,那儿是人间天堂!

时值1976年,在广东省沿海一带,老百姓们通过港澳亲朋好友的往来,接触到一些"偏激"的信息,加上阶级斗争的枷锁开始松懈,一种前所未有的盲目躁动在民间开始浮现,"逃港"的风潮开始盛行。在珠江三角洲一带,初时"逃港"人员主要由困难群众、知识青年和"阶级异己分子"组成,眼下已有普通市民、基层干部,甚至一些十多岁的中学生都加入了这个队伍。有些乡镇,"逃港"已成为公开的秘密,若哪家有人"偷渡"成功,家人不仅不避嫌,反而会在外人面前炫耀,更有好事者大摆筵席,大放鞭炮以示庆祝。相邻的番禺沙溪大队,还出现了以生产队长为首,党支部书记和治保主任全部参与偷渡的事件,这些人在乘船外逃之时,竟还有数十名村民到海边饯行。

林伟雄不断地得到这些信息,想想自己眼前连吃饭都没有着落,若是能"逃港"成功,至少不会坐等饿死吧?于是,他心动了。

林伟雄决定孤注一掷。

其实,这也是无奈之举,要是能在自家安身立命,谁还会舍命往外闯荡,冒天下之大不韪!

林伟雄这样忆述自己三次失败的"逃港"经历:

第一次是跟着其他七个人准备一起出逃,每人凑了一二百元钱,买了一艘艇。半夜到了珠江口万顷沙十一涌那边,突然就起风了,风浪很大,要是能到十三涌就是大海了,快到香港水域时,小艇受不了风浪,太危险,大家就只好回头了。

第二次,我们共三个人,在坦洲找上一艘船民,给他们钱,让他们出海就带上我们,事前还先去他那儿守了好几天,可他今天说风向不行,明天又说流水期不合,好像在找借口,拖了十多天后,让我们先回来,说条件合适了就写信通知,怎知后来就没消息了,又错过了。

第三次,由熟人介绍,我们三个人到了东莞樟木头,认识了当地的三个朋友,商量好大家一起走陆路去香港,我们日宿夜行，在快进入香港元朗边界时，被军犬发现，边防军将我们押送回樟木头收容所，三四天后被遣送回顺德。就这样，三次出走，都没走成，最后一次还是被抓住遣送回来的，应该算是很严重的错误行为，要是在"文革"前，那是要判刑的。我想，之前我已犯过一次大错了，再也不能如此下去了，所谓事不过三，既然这条路行不通，那也是上天不想让我走吧，这样想来，我很快就清醒过来：再也不出走了，就在自家地头过日子，大家都能过好，我相信凭自己的本事，日后一定也能过好。

自此，林伟雄安下心来，他开始相信自己，也对未来有了新的期待。

第四章

良禽择木,凤栖梧桐

> 有志者,事竟成,破釜沉舟,百二秦关终属楚;
> 苦心人,天不负,卧薪尝胆,三千越甲可吞吴。
>
> ——蒲松龄

1977年春,"文化大革命"刚刚结束。素来有着工商贸易传统的顺德,似乎惯性使然,顺势而行,热衷于搞活经济"副业",各乡镇都在悄然掀起办厂或开公司的热潮。

与大良镇一河之隔的桂洲公社振华大队,那时已兴办了农机厂、铸造厂、配件厂、贸易公司等一批小型企业,正在到处招收工人。

那天,林伟雄正在德胜河码头等渡船时,看到了振华大队的一则招工启事,竟然是招收全县范围内城镇青年的,他心里一热,觉得这个大队跨镇招人的做法很宽容,自己在本镇有过不愉快的经历,他正想换个新地方另起炉灶呢,便决定到对岸的振华大队试试。

于是,花了一毛钱渡船费,林伟雄主动找上门来。

振华大队企业负责人看了林伟雄的简历,认为这人在厂里做过领导,有经验,很快就同意录用了,并让他担任一个叫"煤渣组"的负责人。林伟雄看到振华大队敢这样大胆使用自己，也不计较他过往的"历史"，心里一时充满感激。

林伟雄在大良南三四分区塑料厂时，曾在煤渣组做过一段日子，带队去广州氮肥厂筛拣煤渣卖钱，为增加效益多开一条门路。来到振华大队后，林伟雄也有信心通过煤渣组要为赏识自己的新单位找到新财路，他早前就得知肇庆封开新办了一家氮肥厂，有很多煤渣可以筛拣出来再利用。他也不计较远离家乡，带上14名工人，在氮肥厂内安营扎寨下来，一干就是一年多，并获得了很不错的经济收益，当年还受到振华大队领导的表扬。

然而，林伟雄觉得这样的挣钱方式还是太落后了，只是附在公司下面的"创收"小组，才管着十几个人，没有自主权，营业额也很有限，这样抑制了自己的才华，林伟雄感到不满足，他要尽快找到新的适合自己的舞台。

所有机缘，只是为有准备的人留着的。值得庆幸的是，接下来的1979年，几乎每天都成了林伟雄的好日子。

2月，他与恋人邱丽娟走进洞房，结束了35年的单身日子，终于有了属于自己的一片小天地。阿娟是容奇镇人，是搬运站的一名拖拉机货车驾驶员，还在码头上开吊车，能与男性驾驶员一样独当一面，她聪明能干，工作热情，相投的志趣把他们俩紧紧地拴在一起。

所谓成家立业，正如斯也。

几个月后，林伟雄的事业迎来了第一个春天！

第四章　良禽择木，凤栖梧桐

容奇镇振华大队的顾地村，被众人公认的"好人"队长李文洪，在一次群众大会上，提出了要繁荣集体经济，增加村民副业收入，同时解决生产队待业青年就业问题，主张生产队也学习大队的做法，办一个集体性质的工厂，发动大家找出一个能人来。群众纷纷举手赞成，也一致同意队长提出的本村没能人就请外村人的大胆设想。于是，有人推举了"大良仔"林伟雄，认为这个人有本事，眼下就在大队的厂里，容易过来。李队长尊重群众的意见，很快就找到在煤渣组的"大良仔"林伟雄。

第一次与李队长见面，林伟雄就有一种相见恨晚的感觉。李队长在当地口碑好，为群众做了很多实事，谈起办厂也显得轻松愉快。他首先向林伟雄交了底："知道林先生你是个能人，办厂的事就全交给你了，我是不插手的，你觉得怎样好就怎样做。"双方协商后便约定，办厂利润分红比例：顾地村35%，林伟雄65%。

林伟雄十分感激李队长对他这个"外村人"的信任，他态度诚恳、蛮有把握地做了保证："队长和大家这么信得过我，我一定会尽力，做事公平、公正、公开，为大家办一个能赚钱的厂。"时至今日，林伟雄说还记得自己当时讲的就这几句简简单单的话，但那时心里特别有底气，觉得李队长是个好人，"他敢放心让我管，我就有办法管好"。

顾地村人大胆利用了外村人林伟雄的经验和智慧，而外村人林伟雄则利用异乡顾地能给予自己施展的一个平台（那时只有国有或集体企业，还未有私营企业），以致双方一拍即合。

1979年8月，大良镇人林伟雄，顺利当上了顾地村的厂长！

在改革开放前的"生产队体制"年代，人才无法流动使用，顾地村人的这种做法，在基层中算是第一个"吃螃蟹"者。

图4-1 容桂镇在2000年由容奇、桂洲两镇合并而成。位于顺德区东南部，靠近广州，毗邻港澳，为"珠三角"制造重镇。拥有国家和省级高新技术开发园区。获"中国品牌名镇"、"中国千亿大镇"等称号

顾地村给林伟雄的办厂条件是：经费3600元、社员9个、废置的一间百余平方米的养蚕房棚屋。

几天后，顾地村西，在一片鱼塘包围的蚕房前，挂出了一块用红漆写着大字的木牌子，路人经过时不经意地念出声来：

第四章 良禽择木,凤栖梧桐

"顺德县容奇镇振华顾地塑料制品厂。"

名称显得有点长,从县到村四级都写上了,一看就能分出是村办厂。门口没有什么动静,连一块开业志庆的红纸也没贴,更没有敲锣打鼓、放鞭炮的仪式。

只是谁也没有想到,就是这么一棵在乡间草根中悄无声息地冒出来的小苗苗,日后竟然茁壮成长为傲立于民族行业的一棵参天大树!

这便是广东顾地塑胶公司的前身!

这时候,距中共十一届三中全会召开,全国改革开放才刚刚过去大半年;距我国最早实行对外开放政策的四个经济特区成立,还有整整一年。同为顺德美的创始人的何享健,仍在北滘公社塑料生产组上班,距他制造第一台电风扇还有一年。

这年林伟雄35岁。

35岁的林伟雄开始宣布要"立业"!

日后被誉为"中国建筑终端品牌之王"的根据地,就此建立。

林伟雄当时对办这家厂的定位还比较"宽",想多找点能挣钱的项目,但他最熟悉的还是塑料行业,所谓不熟不做,这也是他眼下的兴趣和特长。所以,工厂开张后的第一个项目,自然还是从生产加工塑料原料开始。

经费严重不足,甚至连一台新设备也买不起,林伟雄便请来一位懂行的老技工,从汽车修理厂找来废弃的一根卡车尾牙齿轮,廉价兑回一些旧配件,拼装出了一台塑料挤出机。然后利用这台塑料挤出机,把收购来的那些残塑料废胶纸或生产队废弃的农用薄膜等,通过"回炉"后挤出塑料颗粒成品,也就是用最简单的"废物利用"的生产方式,加工出单一的原料产品,向塑料制品厂销售。

这期间的林伟雄,既是厂长,又是技术工、维修工、搬运工,还是业务员、供销员、运输员,反正里里外外一把手。平时生产队的农机具修理,也由他们厂负责。他说自己带着9个伙伴,每日做足16个小时,日忙夜忙,经常是每天只吃一顿饭,废寝忘食,倚着年轻力壮,一心想靠着"勤力搏杀",就能撑起这家厂子,以致日后给身体埋下了许多病痛隐患,这是后话。

靠着勤力做事的好习惯,厂长林伟雄让这家小成本的小工厂,生产总能撑得饱饱的。竟然做了三个月,就开始有钱赚了,半年时间,林伟雄就和顾地村结了第一次分红,让村里分得2500元。李队长和社员们得知这么快就赚钱了,大家都很高兴,却舍不得分掉,主张继续投入,去扩大生产。林伟雄心里自然更乐意,他说,我其实就是想给社员们信心,大家信任我,我就要做出成绩来,我要对得起大家。

| 第五章 |

苦挣"外快"一心办工厂

> 知人者智，自知者明；胜人者有力，自胜者强。
>
> ——老子

林伟雄生性腼腆内敛，朴实厚道，不善言谈，但为人处世务实包容，自信顽强，创新求变，有顺德人的优良品德。正是性格使然，他平时做什么事情总爱比别人多动一分心思，也正因为这个"多动一分心思"，让他的一生总能比别人"先行一步"，或者说是在别人认为没有机会的时候总能看到机会、抓住机会，并能从中一举胜出。这便是林伟雄的过人之处。

这时，善于"多动一分心思"的林伟雄，在做着"简单生产"的同时，始终不肯漏掉每一个挣钱机会，他一心只想着多找点门路，扩大经营收入，只要对办厂有帮助、能加大办厂力度、把塑胶厂尽快做大的事情，他都乐意去做。

于是他抓住了另一个商机，并通过这次机会，林伟雄用"曲线救国"的办法，努力拼来了办厂最需要的一笔资金，从而及时助推了顾地厂继续正常运转，并得以逐步扩大。林伟雄后来也认为，这是通过自己做事的灵活和勤奋，带领工人"额外"掘到的"第一桶金"，而这"第一桶金"，对于帮助他后来办厂做产品,是功不可没的。

那是1980年冬,顾地塑胶厂开办了一年多,正苦于没有资金加大投入时,大良塑料厂的陆明师父,到厂里来找林伟雄,说兰州石化厂有一批塑料废料,原来是供给他们厂的,但他们认为利润太低,不想要了,问林伟雄要不要接手。林伟雄打探清楚情况后,竟然一口便应承了下来,因为他当时"多了一分心思"。林伟雄坦言:"我已从中发现了商机,我熟悉兰州石化厂,他们供给我师父大良塑料厂的塑料废料,是按车皮计量的,任你随便装载,多少都按一车皮7吨算。我懂得塑料废料是软性的,若多花点工夫和气力,叠放整齐就可多装很多。但我师父他们不想吃苦,都是请别人装车,装得不多,假如让我们到场装,能吃苦,就会多装很多的,也就能多挣很多钱!"

至此,我们将镜头回放一下:说起林伟雄与兰州石化厂,可有着一段特殊的友情渊源。多年前,林伟雄在南三四分区塑料厂时,曾跟着大良塑料厂的陆明师父跑供销,陆明很赏识这个徒弟,乐意对他传教帮带,让他学到很多生意经。有次师徒俩在去兰州的火车上,看到对面座位上有个小孩在大声哭闹,一对夫妇怎么哄也没用,弄得全车厢旅客不得安宁。陆明便拿了出差用的一块糖来送给小孩,随即小孩就不哭闹了。那对夫妇很感激,大家也热乎起来,男的知道陆明二人是去兰州石化跑塑料原料,还没有熟悉门路,就笑笑写了张纸条,说是到兰州石化可以找这个人试试。下车后,师徒二人按纸条上写的接上了头，没曾想找到的竟是兰州石化党委书记！书记知道了来由或是为了报恩，便让计划科科长好好接待他们。自此，他们就和兰州石化建立了很好的商业关系。

这一次，陆明介绍的便是兰州石化。林伟雄知晓这是个"利路"，谋生逐利，追逐合法之利，这是人之常情，他得抓住。于是，他爽快地和对方签下了合约，并做好几个月在室外作业的打算，嘱咐随行的十多个员工，带上防寒衣物，还大方地让大家第一次坐了飞机，以节省时间赶赴兰州。林伟雄向来做事勤力，更没有老板的架子，他改变陆明他们依赖当地搬运工装车的做法，亲自带头和员工们一起做搬运。员工们明白有钱挣，也都心甘情愿配合老板，肯费大气力把凌乱不堪的废料一一码好，认真装车，硬是在一个只算作7吨的车皮里，装上了17吨的废塑料。那时正值寒冬腊月，气温在-20℃左右，在黄河边，当地人每天都能看到一班广东人在铁路旁忙碌着打包、装车，便禁不住感叹："难怪广东人会挣钱，人家做事就是舍得拼嘛！""虽然我们这些广东人对北方大冬天不太适应，但大家那时心里头是热乎乎的，"林伟雄回忆说，"因为每车皮可以多装10吨左右，也就是多得到几万元，我们辛苦做了四个多月，装了十多车，赚了50多万元。50多万元怎么算，当时在我们那里，一个万元户都没有呢，我们算是发了一笔大财，大家都开心死了"。

以正当的做法，谋合法之利，虽然这挣的也是辛苦钱，但要是没有林伟雄这样的智慧，不懂得挣"外快"的技巧，不舍得吃苦，也会错失良机的。

回到顺德后，有了这笔资金，林伟雄首先好好奖励了一起辛苦工作的工人，让大家过个好年。然后，高兴地带上太太，第一次大方地花了近3000元，买回一辆二手丰田摩托车，还没等熟悉车技，就急不可待地载上家人，快快乐乐地在容奇镇兜了一大圈。这可是全镇第一辆进口摩托车啊！

图 5-1　2010年3月2日，林伟雄在顺德民营企业投资商会春茗会上致辞

适时去享受自己的劳动所得，为我所用。林伟雄屈着手指头说起这方面的变化："都是为着工作生活方便，我1981年买了全镇第一辆丰田二手摩托车；1982年买了顺德第一台进口万

事得货车,同年家里装上了全镇第一部私人电话机;1984年还清了各种债务……"

紧接着,林伟雄又抓住了"逐合法之利"的第二个商机,说起来,这个商机也与办厂没多大关联,但在林伟雄面前,却又被他牢牢抓住,并获得了大收益。

还是与兰州石化厂的合作。

有一天,林伟雄接到该厂供销科科长的电话,说他们厂有400多吨的塑料次品要做低价处理,但要有国营企业对接,要不也得开个国营企业的证明来才有条件交易。很显然,林伟雄他们不属于国营企业,不具备这些条件。要是一般人,听过就放弃了,但林伟雄却不是,他知道这批次品的价格和正品每吨相差近700元,利润空间大,便立即答应承接下来。他明白,这事关键是要善于变通,不能违法。于是,他找到了国营顺峰制药厂,商定了借用名义合作的条件和双方的责权利关系,并很有诚意地与对方签订了"赚取利润五五分成,亏了全由己方负责,对方零风险"的承诺协定。然后,为把这一事情办妥办实,林伟雄还提前到广州各大塑料制品厂联系、落实好推销任务,把这批"次品"的真实信息和实物与需求方坦诚相待,以做到愿买愿卖。为稳妥起见,还先要求兰州厂方发一车成品试销,林伟雄的想法也直接,若是市场不接受,亏了也是一车的钱。没想到,试销一抢而空,大受欢迎。凭此一举,顾地厂便赚到了十多万元,而顺峰厂仅是出了一张证明(担保),便分到了一半的利润。现已退休的顺峰厂何副厂长提起这件事时,仍然很满意地说:"当时我与林总相熟,知道他为人诚实、讲信用,这单生意对我们双方都有利,又不违法,所以也信任他。但我更佩服他这个村办厂长的胆识和能力,他脑瓜活、善变通,能做别人做不到的事情,有本事啊!"

当然,不管通过哪种形式挣来钱,最终,林伟雄还是将钱用到办工厂、做产品中去,以致这30多年,林伟雄其实就只做一件事:办实业、做产品,做以塑胶为主业的产品,围绕建筑物所需来做产品。

| 第六章 |

开创"以塑代钢"时代

> 道虽迩,不行不至;事虽小,不为不成。
>
> ——荀子

有了两笔大钱，林伟雄又比别人"多一分心思"，思忖怎样去大展拳脚，他要扩大顾地生产能力，尽快将工厂规模做起来。

因为现有的百余平方米的养蚕房，显然已无法适应大生产场地需要，眼下扩建厂房已迫在眉睫。但村里没有现成地块，只有周边一片废弃的鱼塘，林伟雄征得生产队同意，就决定自己填鱼塘来建工厂。于是，请来两台推土机，同时发动大伙加班，硬是把一片鱼塘填平，造出一大块地来。接着，又用了不到三个月的时间，建起了一幢两层占地600平方米的新厂房。自此，林伟雄以同样的办法，通过填鱼塘，日后扩大出两块50多亩的厂区，这里也就成为伟雄伟业的根据地，成为今日伟雄集团的大本营。

此外，还要增加生产设备，扩大产品结构。为节省成本，他们先后买进了两条二手的注塑生产线。

于是，顾地塑料厂开始了第一次产品的转变：从生产塑料颗粒（原料），转变为生产塑料药瓶（产品）。

尽管设备不是最好的，但厂长林伟雄当时就开始向大家明确提出"要用心做产品""做到质优价廉"的严格要求，反复在各种场合强调："用心对待好每款产品，用心对待好每个顾客。"也就是从那时开始，"要用心做产品"，乃至"像做国旗一样做产品"的经营观，便贯穿在林伟雄经营企业的整个活动中！

这也是林伟雄日后能成为行业王者的精神底蕴！

由于厂小却能做出"靓嘢"（好产品），而且价格还比大厂有优势，所以短时间内，顾地厂就接到了本省多个药品生产厂家的订单。因为生产设备有限，他们只好24小时不停运转，加班加点。广州中药六厂先后把万花油、喉症丸等最畅销的多种药瓶，从原来的其他厂转过来交给顾地厂包揽；连始创于1828年的王老吉药业也找上门来，要由顾地厂帮他们设计生产刚刚投产的"三公仔小儿七星茶"药瓶，说看好的是顾地厂产品"做得很用心，配得上我们老品牌的面子"。

一时间，顾地综合塑料厂的名声便传开了。

这样一来，也使林伟雄看到了本厂在行业内的优势，显示出后起之秀的能力。自然，自信心也就上来了。

是的，做什么事情都比别人"多一分心思"，总让林伟雄尝到了"多一分"的甜头。

跨进20世纪80年代，中国家庭开始普遍用电，用电就得安上电表，那时大众生活还很贫穷，不少人家为节省一点电，总是想方设法在电表上做点手脚。供电部门为了防止用户偷电，便给裸露的电表套上一个箱子。当时的电表箱有两种,有木板钉制的,也有铁皮镶嵌的,但木制的防盗性能差,铁制的价格昂贵。说来也平常,某一天,林伟雄在家里打开墙上的电表查看用电数时,纯属职业习惯使然,他猛地多出了一个心眼:

"哎?这铁的电表箱,可用塑料代替呀!"

对,就是这灵光一现,像爱迪生的诸多发明,仅在于一个闪念,林伟雄这次陡然生出的灵感,随后便开创了一个民族家居"以塑代钢""以塑代木"的历史。

有了这个"创意",林伟雄立即找来技术人员,确定下一步的做法。他说自己这么多年来,在生意场上每做出一项重大选择,都没有按照那些"大企业家"的做事方式,不去做什么"反复研究、论证",他就凭一时的感觉,或凭与生俱来的商家智慧、经验,认为可行,就即刻行动。但他却特别看重"工厂出好产品,就得有好设备",就是"工欲善其事,必先利其器",以致日后在企业壮大后,伟雄集团所拥有的机械设备都是行业最先进、最前沿的。只是眼下苦于本钱少,他只好先买人家的二手设备,再依靠"用心去对待",从而从竞争丛林中胜出。所以,这次也和平常一样,把复杂问题简单化,认准了就出手。现在要做的第一件事,就是量力而为,从节省本钱考虑,向同在顺德的北滘裕华风扇厂买回两台八成新的注塑机,先做出塑料电表箱再说!

我们无须详细叙述这一创举的过程,那自然是枯燥乏味无任何传奇色彩。林伟雄更乐意省略其中的艰难曲折，在谈及第一个塑料电表箱的创意如何产生时，他只是轻描淡写地说了一句："我们拼了大半个月，就做出产品来了。"

图6-1　2007年11月6日，林伟雄陪同重庆璧山区考察团考察伟雄集团

其实，成功创造出"塑料电表箱"的那一刻，林伟雄比谁都记得清楚。

"第一种规格电表箱做成那晚，是加班做的，容奇供电所的张所长过来看热闹，之前我们已经说好，产品出来先交给他们用。大家去吃夜宵，我记得几个人炒了一大碟陈村粉，还加一碟炒田螺，饮生力啤，开心啊！"林伟雄对此一直很"回味"。

林伟雄至今还记得那个日期：

1982年2月4日。

这本来是一个普普通通的日子，只是那天正好是农历二十四节气中的第一个——立春。立春是温暖花香、耕耘播种之时，立春之日迎春在我国已有三千多年历史。时日，天子会亲率三公九卿去东郊迎春，祈求丰收兆民，这是旧时民间重要的传统节日之一。但林伟雄不会在意这些，他能记住这个日子，皆因那是他长子林昌华出世的第五天。在妻子生第三个孩子之前，他却为着"生产"自己的这个"以塑代钢"的"宁馨儿"，一直在加班加点，以至于错过守在产房迎接新生儿的机会，他为此对妻儿一直有深深的歉疚感。

但林伟雄怎么也没想到，就是这一天，创下了一个国家级的纪录，填补了一个行业的空白，造福了我们的民族和人民！

1946年，美国发明家詹姆斯·沃森·亨德利建造第一台注塑机，到20世纪70年代，亨德利开发出首个气体辅助注塑成型过程，直至80年代初，我国尚没有注塑成型生产电表箱的先例，即使是那些国营塑料厂，也没有哪家想到可以通过塑料代替钢或木板制造出"电表箱"来。林伟雄就凭着一时的设想，竟然大胆扛起"以塑代钢""以塑代木"的大旗，也不管前面水深火热、成败得失，就一头扎了进去，那是一般人想不出也不会去做的，这里包含更多的是过人的胆识、眼光和谋略！

顾地厂造出的塑料电表箱，经检验和使用后，具有节能、环保、安全、省钱等多项优点，大大降低了供电部门在电表箱方面的成本投入，更直接受惠于广大用户，这就很受供电部门的欢迎。顺德县有关部门立即发文，将顾地塑料电表箱列为原用电表箱的替代产品，并在全县指定统一使用该产品。

一时间，顾地塑料电表箱，成了当地家家户户必用的电表箱。以致日后，顺德人在谈起最初认识顾地塑胶的印象，大多都说就是从当年用顾地塑料电表箱开始的。

对于自己这一创举，林伟雄至今说起来也显得很自豪："我们生产出来的塑料电表箱，获得国家专利局多项实用、外观专利，做到全中国第一，说实话，我也觉得了不起啊！塑料的才几元钱一个，又平又靓，比起原来那些钢铁的省了十几元钱，市场上抢手啊，从顺德、佛山开始，到广东全省，到处开现场会议推广，订单接到手软，连北京方面也来要我们广东货，那时做得好忙碌又好开心。"

产品供不应求，林伟雄只得赶紧用"复制"生产的形式，与广西贵港市供电局展开合作，再增加两条生产线，从而扩大产能，尽快解决市场的需求。

接下来，另一项纪录也开始改写。

家用塑料电表箱诞生后大半年，林伟雄受南海供电局方面需求的启发，加上思维有所创新，从而衍生了制造田头塑料电表箱产品的行动。这也是农田用电配套设备的一次进步和升级。南海供电局肯定了推广使用田头塑料电表箱的多种好处，尤其是可以一举解决多年来农田用电的安全隐患，立即和顾地厂建立了供求关系，南海也成了珠江三角洲第一个享用顾地田头塑料电表箱的县。好产品自然受欢迎，此举很快得到广东省供电系统的支持，产品随之在全省乃至全国迅速推广开来。

顾地塑料电表箱，一时好评如潮，广受青睐。

第七章

工欲善其事，必先利其器

> 闻道有先后，术业有专攻。
> ——韩愈

尝到了产品第一次"人无我有"的甜头，林伟雄更加确信自己"比别人多一分心思"，就总有一分新的收获。他也为此感到更加自信。

因而，林伟雄继续去发挥自己的"灵光一现"。

应该说，这一次创新，更称得上是一次水到渠成。

在和供电部门频繁接触的两年，林伟雄发现，电力部门在安装铺设电线时，为防止老鼠或外力啃损，总是把电线装入铁筒穿线管里面，再镶嵌到墙上或埋进地下，以保障用电安全。有一次，林伟雄看到"铁筒穿线管"时，突然就有了一种"条件反射"的感觉，这些年从事塑料行业，老是在塑料圈子里打滚，也许已成为一种职业习惯，每当遇到铁、木之类的制品，林伟雄脑子里便不经意地跳出"可以用塑料代替吗"的念头。当时因为要生产大量的塑料电表箱，没一点空闲，也就没精力追踪下去，以至于搁浅了下来。然而，就在他要重新考虑"以塑代铁"置换"铁筒穿线管"铺设电线的设想时，他便发觉自已行动晚了，因为此时，外国人先做出来了：他在顺德MD高级别墅区，看到那里电线安装配套用的穿线管已不是铁筒管，而是刚从英国进口的那种高档"塑料管"，据说也是当时世界上最流行的高档装修材料。

说实在的，林伟雄当时并不吃惊，对于这个产品，他早已想到过可以去做，只是来不及实施而已，所以眼下他感到后悔，后悔自己晚了一步，竟然被外国人先做出来了。然而，这样一来，善于凡事总比别人"多出一分心思"的林伟雄，此刻果然又多了一分心思，他想，这塑料管外国人做了，但国内还没有人做呀，那就由我们来做，就好比塑料电表箱一样，再饮头啖（第一口）汤！当他问及这进口塑料管的价格时，每米13.5元的价钱让他大吃一惊，以他估算，若是由国内生产，成本估计每米大概在几元钱，要是质量不相上下，能替代这进口产品，那这个优势就太大了。

他一时兴奋起来。

于是决定：立即杀入塑料穿线管这块开阔地！

顾地的元老级员工吴姐至今还记得：那天晚饭后，厂里仍在加班，林老板把几个骨干叫到鱼塘边，和大伙边喝茶边开班后会。大家发现，今天老板的情绪特别好，说话声音也比平日高，就感觉到他是不是有什么好消息要公布。没错，很快，大家便听明白了老板开这个会的用意，老板把他前几天在顺德MD高级别墅区装修现场看到的进口塑料管一事，一一说了出来,同时简单地谈及了顾地厂下一步的设想,那就是要进军"以塑代钢"的系列产品,这将是顾地厂日后的主打产业,下一个要首先投入生产的,将是塑料穿线管,而塑料穿线管,也只是系列产品中的一个。

图7-1　林伟雄(左二)参加"暨南大学EMBA顺德班"签订协议,图为嘉宾们共同举行浇注仪式

其实,林伟雄在塑料行业摸爬滚打多年,也算得上是业内行家了。他早已知道,这塑料管,就是以合成树脂即聚酯为原料,加入稳定剂、润滑剂、增塑剂等,以"塑"的方法在制管机内经挤压加工而成的。只是自己没有专门研究,仅知道一点皮毛,所以他说要赶紧把专业技术员挖过来,把新项目做起来。

顺德地方小，一时找不到这方面的技术人员。有朋友好心，推荐了上海某国营塑料机械厂一位姓尤的工程师，林伟雄相当重视，立即亲自打了电话，提出高薪诚邀对方过来，但对方推说办不了调动手续，来不了。林伟雄求贤若渴，执意要将人才挖过来，情急之下，他找到负责工业的副县长，请他出面帮忙。此时，改革开放的春风才刚刚吹来，计划经济的惯性对人才流动关卡重重，还没有今天众多的人才市场，人才引进工作仍是空白，而对于一个村办小厂，要从外地调入专家人才，那简直是异想天开。然而，没想到副县长却一口答应大力支持，还给了从未有过的政策优惠：让工程师"白身"过来就行，不用带个人档案、户口，到顾地工作后，县里重新给办档案，同样保留其一切政治和经济待遇，以免除人才后顾之忧。这种大胆用人的做法，在当时全国还没有先例，几年后沿海各地大多都引用推广，据说就是从顺德顾地学来的这招，这也是顺德政府勤政为民的优良传统。这样一来，尤工程师也就得以顺利进入顾地，成为当时第一位"外地人才"，而在后来伟雄集团的发展中，林伟雄重用人才、爱惜人才、唯才是用的诸多做法，已成为企业迅速成长的一个重要撒手锏，而如此的胸襟和识才善用，也正是林伟雄后来得以吸引行业内中外专家云集旗下的缘由之一。

尤工程师来了以后，先是根据原有设备，组织力量进行大胆试制，经过一番摸索，终于有了成果。但是，做出来的塑料管，却不尽如人意，色泽黯淡无光，不经用力，一敲就碎。大家不甘心，仍然反复配料、挤出，只是效果仍不见起色。工程师告诉林伟雄，关键原因在于生产设备跟不上，以至于塑料管造出来时就已经"老化"了，所以经不起敲打，质量难有保障，若是要改进的话，除非从引进先进设备入手。

图 7-2　林伟雄陪同武汉市政协领导考察团在伟雄集团考察

林伟雄知道厂里经费不足，但心想既然要上这么个好项目，还指望它有大出息，要取代外国产品，那就要舍得下大血本。于是，林伟雄一咬牙：一步到位，买最好的进口设备，做目前世界上最好的产品！

那天已是午休时间，尤工程师却被门卫着急地叫了来，他有点迟疑地推开董事长办公室门，看到老板正在里面"吞云吐雾"，但还没等他站定，便见老板突然挥起拳头，咬咬牙，狠狠地砸向大班台："帮我查一查，买世界上最好的设备，做最好的产品！"

尤工程师至今还记得，老板当时态度有点急躁，其实平时极少见到他动情绪的，但那天他却有点激动。原来，竟然是为了要购置设备一事，正纠结着呢。因为厂里流动资金跟不上，要买最好的进口设备，谈何容易！

按照老板的要求，尤工程师等很快就找到了当时全球最好的塑料加工设备制造商德国 Krauss Maffei 公司，立即把凑来的100多万元挪出80万元来，一次就引进了两台新型克劳斯·玛菲挤出机。

德国克劳斯·玛菲公司惊讶于这个来自亚洲的第一客户，他们也对自己的产品受到东方大国的青睐感到自豪，随后，无偿派来工程师进行跟踪服务，对设备进行安装、调试，直到投产成功。为了确保质量，第一批管材下线后，林伟雄还亲自用铁锤把管子敲扁，敲圆，再敲扁，再敲圆……反复做了多次的破坏性试验，最终确定这些管材没有任何"毛病"了，才放心开始正常投入大生产。

没错，用上了国际机械市场最先进的生产设备，果然能获得国际产品市场最优秀的成果。新"出炉"的顾地塑料管，绝对可以与进口的英国同类产品相媲美，并很快就有过之而无不及。两个月后，国家塑料制品行业的领导在深圳开会，这期间得知顺德有家厂已生产出可替代进口的塑料管，都很惊喜，便亲自绕道顺德，找到顾地塑料厂，对林伟雄他们的做法大加赞赏、褒奖，称他们为国家创汇做出了大贡献，为民族工业争了光。

"工欲善其事，必先利其器"，林伟雄的这个"利其器"，起码包括两大元素：一是要有好的人才机制，二是要有好的生产设备！

多年后，林伟雄被井田商学院聘任为教授，他把自己这一实战案例与在座的企业家学员一同分享，学员们一致反映收获良多。"听课以后让我收获最大的是做任何产品都要做精做稳，特别是开发新产品时，一定要向世界最高水准看齐。高举高打，高门槛进入"。来自江门德联染整厂有限公司总经理欧阳健强感触颇深："1981年前后挣了100万元，他就能大胆地花80万元去进口全球最先进的德国设备，这样的高标准既保证了自己的产品质量，又提高了进入门槛，极好地屏蔽了绝大多数的竞争对手。他讲的很多个案都是这样，这给了我很好的启发。我相信，有顾地、松本、正野的榜样在，自己所在的染整业也这样坚持做下去，在不久的将来自己也一定能做大。"

林伟雄现在用非常愉悦的心情回忆说："塑料管生产出来后，我让财会算了，成本很低，那时英国进口的是13.50元一米，我们减掉10元，才卖3.50元一米，还有得赚。因为全国就我一家厂做得出来，当时市场大得不得了，大家知道我们比进口的一米就省10元钱，都能再多买3米了，质量又相差无几，又平又好，自然就用我们国产的。慢慢地，不到两年时间，我们就把进口产品'逼'出中国了。后来，国家要定行业标准，就由我们来定，还因为有贡献，又是新办厂，我们也受到国家保护，得到免两年税收的奖励。随后因在产品质量和使用方面有新招，管子可像弹簧一样随意弯曲，获得多项技术专利，被评定为国家高科技产品，又一次得到两年免税的奖励，在此要感谢政府。"

顾地塑料穿线管刚投放市场，就让人眼前一亮：其具有质轻、耐腐蚀、外形美观、无不良气味、加工容易、施工方便等多种优势，让传统的铁筒管一下子黯然失色，立即被市场淘汰，而一时风头无两的塑料穿线管，则成了国人在建筑工程安装配套时的"宠儿"，让人爱不释手。

"那才叫供不应求，我们的成品一出来，还热乎乎地烫手呢，就被等候的客户拉走了，根本用不着仓库，也就是零库存啊！"老员工阿良说起当年工厂红火的情形，仍然眉飞色舞。

面对如此喜人的局面，林伟雄每天又紧张又兴奋，他知道要解决"燃眉之急"——供求关系，唯有大量增加生产设备，扩大产量，紧抓先机，以顺应这一大好形势。于是，林伟雄发动工程师和技术人员，从武汉某塑料机械厂购进20多台挤出机，经过技术改良，在产品质量达到要求后，一举投入大生产。在接下来的半年时间里，林伟雄又以"依葫芦画瓢"的方式，接着购进大量相应设备，顾地也从原来的2条进口生产线，发展到 30 多条生产线。

1985 年 10 月，容奇、伦教、北滘、陈村、龙江、勒流、桂洲被省政府批准为珠江三角洲工业卫星镇。翌年 6 月，乐从、杏坛、均安亦被批准为工业卫星镇。乡镇工业迅速发展壮大。顺德被广东省政府批准为经济开发区。

各方面形势喜人。林伟雄积极应对，但感觉每天十几个小时的投入都不够用，皆因顾地塑料穿线管供不应求，风靡广东，一时独步全国！

很快，从市场上发现，人们已用行动把洋品牌赶出了中国。

10 年之后，美的、格兰仕、顾地、碧桂园等一大批顺德企业扬名海内外，有经济学家评价顺德人和顺德产品为什么这么"可怕"时说：因为这里早早地产生了一批洗脚上田又脚踏实地，但天生具有超前眼光和宏大气魄的企业家。这种既务实又敏锐，敢于"凭着一股勇气"探索和尝试的精神，跟顺德身为侨乡、邻近港澳的文化背景有着直接的关联。

"可怕"的顺德人，"可怕"的林伟雄！

| 第八章 |

品牌觉醒："我们要做牌子货"

> 大丈夫处其厚，不居其薄；处其实，不居其华。
>
> ——老子

1982年春,顾地初生的两个"宁馨儿"——塑料电表箱与塑料穿线管,开始在中国"大行其道"。

当时顺德县的领导对外宣传本土企业优秀产品时,总喜欢把家电产品和顾地的"以塑代钢"产品相提并论;而国内诸多媒体对顺德顾地的报道口径则是:"顺德顾地塑胶厂,是中国难燃PVC电表箱及电工管的发明者和制造者,是推动中国塑胶产业'以塑代钢'的先行者。"

可以肯定,顺德顾地,是中国塑胶产业"以塑代钢""以塑代木"的滥觞。

在改革开放初期,这一改变国人"生活待遇"的创举,当是一个民族的福利,也是一个时代的进步。这一创举,却是由一个村办小厂、一个只有六年级小学文化的人来实现的。在一般人眼中,乡镇企业只是一些小打小闹、土法上马、拾漏补遗的行当,有谁想到这么个比"乡镇企业"名次还低的小厂,竟然能创造一个代表国家行业的新纪录!

于是，我们欣喜地看到，这里出现了一个令人激动的画面：

环安路早餐鱼粥档主辉叔，这段日子很开心，说是早餐，其实三餐都忙不过来，他总爱指着店前的人流乐滋滋地说："顾地佬发达，我也发达啰！"那是因为这半年来，辉叔的早餐档光是要接待来顾地拿货的司机，一日三餐都消停不下来。随着他手指的方向，你就可以看到眼下的情景——一批接一批客户，纷纷向顾地村蜂拥而来，全都是冲着顾地要货的，不管熟客生客，都一律要拿出现金来，还要按先后排期，才能艰难拿到货，若新加盟的销售方（即后来的经销商），必须先支付给顾地50万元货款作为押金，而且要排到一个月后才能供货，这真是"皇帝女儿不愁嫁啊"！所以林伟雄在回答笔者关于当时怎样营销产品时，竟然很干脆："供不应求，不用营销。"他说当时有一种讲法：只要拿到顾地供货纸条，随便一转身就能赚钱。顾地村年纪大一点的人，至今还深刻地记着：村子西头那条沙泥马路，每天都挤满了外地来装货的各种大小车辆，24小时都在排队等候顾地厂出货，有些司机生怕稍有离开，就被后面的人占了位，竟然吃睡在车上。这就让村里一些妇女看到商机，用篮子提来盒饭、矿泉水、面包、香烟等，做起了货车司机的生意，也都能满满挣上一笔。"当时那闹哄哄的阵势，就好似买顾地的货不要钱，只要沾上顾地的光，都能发大财啊！"至今仍在街口摆凉茶的英姐，说起当年顾地货如何好销、如何风光一事时，还向我们啧啧称奇。

第八章 品牌觉醒："我们要做牌子货"

顾地村人也许还没想到，就是从林伟雄担当起顾地村厂长之日起，直到做出以"顾地"为代表的好品牌，再到把一个"顾地"企业做到国家主版股市上市公司，原本的顾地称谓，早已超越了它的内涵和外延，它再不是珠江边一个小村的名字，人们认识或记住它，更多的是通过"顾地塑胶公司"和"顾地"系列产品品牌，还有顾地的A股股票。其实，据史书记载，顾地村早在明朝时已经建立。那时，一位鲁姓官员从广西告老还乡，带着吕姓管家和顾姓佣人，驾船沿着西江顺流而下，至容奇一带时停留稍做歇息，但见这里"山明水秀，景物清幽"、"遂相约寄居于此，辛勤经营，久而三姓繁衍"。顾姓族人把定居点称为顾地，昭示这是顾姓人的地盘，这与珠三角诸多村落名字惯有"地"字同一个意思（林伟雄母亲林氏出生的村名就叫林地）。只是有意思的是，这个顾姓人的地盘，历经500多年风雨，但在国人的视野和认知中，却一直默默无闻、名不见经传，直到改革开放后的短短几年时光，却被一个"外来人"——林姓地盘的人，利用做一个企业的名字及其努力创造的产品品牌，也就是"顾地塑胶"，竟然就做出了大名，做到了家喻户晓，以致人们只知道作为塑胶产品品牌的"顾地"，而很少有人知道作为村名的"顾地"。我们应该好好感谢这个"外来人"林伟雄，感谢他有如此"点石成金"的魔力，当然也应该好好感谢顾地"本土人"，感谢昔日的生产队李队长和他的社员们，感谢他们不分地域、任人唯贤的大胸怀，放心让"外来人"来带领本土人共同创富，造福一方，同时通过一个企业的名字带红了自己村庄的名字，让"顾地"扬名天下，这不仅是双赢，而且利在百姓，福泽乡梓！

我们还是继续回到当时顾地"以塑代钢""以塑代木"产品风靡全国的事情上来。

由于受顾地新产品对传统市场的冲击，以及由此带来丰厚利润的诱惑，很快，那些嗅觉灵敏，热衷于"假、冒、伪、劣"者，便开始虎视眈眈，尤其是珠三角周围那些同行，看到顺德顾地的塑料电表箱与塑料穿线管如此抢手，就再也坐不住了，纷纷以各种名义或借口，前来顾地"参观学习"。于是，不消时日，市面上就陆续出现了大量类似的仿冒品。

可以想象，作为一个村办小厂，面对如此疯狂野蛮的行为，林伟雄和他顾地的伙伴们，着实无能为力，心里只有干着急。

苦恼之下，林伟雄这才想到要做出自己的牌子，设计注册一个自己的商标，他觉得，就像自己踩的广州"红棉"牌单车那样，有个自己的专属牌子，就可以和别的区分开来，若别人冒牌，就和他们打官司，保护自己产品的专利权益。

"我们要做牌子货！"1982年初夏，凭着对产品保护的模糊认识，"大老粗"林伟雄竟然想到首先要注册自己的商标，要做有自己名号牌子的产品！

林伟雄这样回忆诱发自己设计顾地商标的过程："那年春节后去了一趟香港，见到商场上货品都有牌子、商标，香港亲戚

第八章 品牌觉醒："我们要做牌子货"

图8-1 2014年6月18日，林伟雄与前来考察的澳门壹建建筑有限公司董事长吴国寿在伟雄集团

告诉我，有牌子人家才认可你，才买得有价值，才受法律保护。当时刚改革开放，我们哪懂得这些，内地没有牌子、商标意识，更不知道怎样去设计商标，也没有专门机构要求我们这样做。不过当时我就特别想做好这件事，我们做了几年顾地，产品出来这么好销，却因为没有自己的牌号，没名没份，眼下被人家跟着仿制抢食，这样下去就吃大亏了，我们也得有自己的牌子，也得受法律保护！所以从香港一回来，我就找到一本国家商标总汇手册，再找个会画画的人，让他帮做参考，我说我做产品也和做人一样，人有人格，品有品格，我们行不更名，坐不改姓，我们厂叫顾地，那就用'顾地'村名做我们的商标牌子。大家都觉得这样好。然后我就按自己心中对这个产业的想法，

从商标手册那些图案中，东拼一块，西凑一点，又改了好几次，最后做成了今日都在使用的这个顾地商标。说来有点歪打正着，我们后来用顾地的音译英文'Good'来注册，表示'好的、优秀的、有益的、漂亮的、健全的'等多种意思，这正是我们做产品所要追求的，真是太好用了，也正合我意。后来，国家工商总局的一位处长当面夸我设计的这个商标好，他指着商标说：'上面一个圆球表明你们胸怀全球，做全世界的生意；圆球上的波浪是企业乘风破浪，以水为财，连通四海；下面一双手捧着圆球，说明你们有托举起地球的力量和宏大心愿，服务全人类；这双手又像一棵茂盛的大树，根基牢固，呵护地球，福荫大众，很有意义啊！'总的来说，我有这么早的商标意识，多少还是帮助了顾地的，我觉得这件事我做对了。要知道，当时我们顺德所有的村办厂、街道厂，还没有一家拥有国家商标，大家都不懂，不在意，当时太早了。"

是的，林伟雄这么早就有了"牌子"意识，也即做品牌的意识，这其实是一个优秀商者的本能和觉醒，确实了不起，也难能可贵，这也可以说是他一向做事的习惯思维帮了他——总比别人多一分心思，想先一步，走先一步，动手总比别人早一点。在接下来的多年，他仍然是每投入一个新项目，每做一个新产品，都及时设计注册一个自己的商标，而且都是按照"做牌子""做品牌"的路子走，一连成功做出了多个享誉全国的商标品牌，而且30多年来一直都是如此执着坚定！不过，按当时的实际情况,我们感觉到林伟雄急着要做商标的原因,其实也有"逼"出来的成分,因为,顾地产品问世不久,大家就一窝蜂跟风、假冒,纷纷前来"抢食"了,这就迫使林伟雄要迅速采取对策,做出行动,维护自己的利益啊!

就像母亲为自己养育的孩子取名一样,给本厂生产的产品注册商标,维护本身的正当利益,这本来就是一件再正常不过的事情了。然而,这在改革开放初期,集体企业才刚刚萌芽生长阶段,人们对商标的认识还非常淡薄,乃至前十年,我国的商标注册、关注品牌溢价等做法,还远远未被人们所重视。直到今日,中国已是世界产品制造大国,但我们却远不是品牌大国,更不是名牌产品大国,这都与我们的生产企业对待维护商标、强化产品品质、"以大匠意识做自己牌子"等品牌建设的认识肤浅有关;而从相反的层面来说,在仿造、假冒、侵占别人商标和品牌利益方面,却不乏大量"聪明"的企业,他们挖空心思沉溺于投机取巧,昧着良心挣黑钱,走"捷径"不择手段,又何来静得下心培育自己的品牌以至于名牌?

所以,我们要为林伟雄极早的、自我觉醒的商标品牌意识点赞。

正因为林伟雄早期对自主品牌建设的重视,对商标认可的警觉和执着,在随后不到十年时间内,由他领航的广东伟雄集团,竟然培育出五个包括中国驰名商标在内的响当当的品牌,被国内媒体称为"林伟雄的'五子登科'"——"顾地""松本"

"正野""威利坚""得亿",一个个在自己的品牌领地独领风骚,威风八面,成为民族品牌的天之骄子。我们透过这些成果,也可以清楚地看到,这无不是林伟雄尊重知识、看重品牌、重视商标,执意像对待国旗一样对待品牌的热情和责任所产生的力量!

当然,接下来许多年,尽管林伟雄个人十分看重商标的作用和意义,总希望通过注册商标来保护企业的知识产权,但是,顽劣的现实对他的打击却总是那么痛苦和无奈,他也无能为力。众所周知,仅2001年和2010年,伟雄集团就发生了"松本"和"正野"两大品牌震惊全国的"年度被侵权案",分别被国家工商局列为《2000年反不正当竞争十大案例》和被最高人民法院列为《2010年中国法院知识产权司法保护50件典型案例》,成为顺德被侵权最多的企业之一。

拥有了自己的商标,顾地厂就有了与侵犯本企业权益的公司和个人展开抗争与维护的权利。林伟雄最看不起那种靠耍小聪明做"山寨""水货"的卑劣行为,他认为办厂必须像做人一样,堂堂正正,不偷乞拐骗,不造假贩假,更不能假冒别人来坑害别人。这么多年来,作为行业龙头企业的伟雄集团,由于信誉好,名声在外,产品一直被别的厂家跟风、仿冒、造假,发生在全国各地的仿冒、商标侵权几乎到了疯狂的程度,知识产权被侵权事件层出不穷,打击了一茬又出现一茬,大有被"山寨"压倒之势,以至于伟雄集团名誉和利益都受到了极大的损害。仅1998年，在全国就有6省市发生20多宗顾地产品被严重侵权行为，涉案价值达数千万元。林伟雄一直把维护消费者的合法权益放在企业经营的重要位置，因而对打击假冒伪劣产品的态度十分坚决，公司在20世纪90年代初就专门成立了市场监察部、法律部，配备专职人员，积极运用法律手段，维护企业品牌形象及消费者权益，防止消费者误购假冒伪劣产品，同时多层面加强品牌的建设和规范市场的维护工作，协同有关部门依法对各类违法犯罪行为进行打击。然而，伟雄集团旗下五个品牌，其中一个中国驰名商标，多个省级著名商标产品，每年仍然被那些"黑心"商家仿制造假，防不胜防，屡禁不止。不过，林伟雄却始终没有改变初衷，一直执意要维护好自己产品商标的名誉和权利，本着要做一个有良心的企业的信念和追求，他一直在向中国企业同仁发出自己来自良心的声音，并乐于为之呼吁、奔走。他始终坚信道德的力量！

这是值得我们尊重和学习的。

| 第九章 |

顾地：第三次技术革命

> 古之立大事者，不惟有超世之才，亦必有坚忍不拔之志。
>
> ——苏轼

研发、生产电工塑料管的成功，进一步坚定了林伟雄"以塑代钢"的信心。

林伟雄执意要把"顾地塑胶"做成塑料管材行业的领跑者。

随着"以塑代钢"技术的日渐成熟，林伟雄继续组织技术人员攻关，要以低成本的塑料作为原材料，研发出更多与建筑终端相关的"替代"产品。

于是，1984年，他们开始了产品技术的第三次革命。

这便有了环保PVC线槽的崭新问世。

在这之前，我国在电气设备中敷设的管道，只有钢铝等金属线槽，产品笨重、不绝缘、不安全、不环保，且成本高等，用户使用时难免诸多嫌厌，这种现状一直困扰人们几十年。

尝到"以塑代钢"甜头的林伟雄，在实现电线塑管替代电线铁管之后，便对这一领域的系列产品展开了全面攻坚战，他认为顾地有这方面的责任和义务，也有这方面的经验和能力，所以他们要继续抢占这一战略高地。

鼠年春节刚过完，林伟雄开着新买的万事得小货车，在珠三角周边走走。他先是踏访了相邻的番禺，他要了解这方面的供求市场，因为此前，他从江门一个朱姓朋友口中得知，番禺二轻系统下属有家塑料小厂，半年前受顾地新产品的启发，竟然悄悄在试制一些塑料盖式配线槽，但技术尚未成熟，仍在试制阶段。林伟雄觉得这是件好事，他不像某些心胸狭窄的老板那样，设法干扰或打压对手，而是主动前去拜能者为师，虚心学习，互通信息，以他的说法算是去"偷师"。随后，该厂的技术人员被其精神所感动，因为大家的想法是一致的，都是想为国家制造出代替铁制的塑料线槽产品。这样，在了解顾地已有很好的研发技术和生产能力后，对方便愉快地接受了林老板的邀请，前来加盟顾地。这就为顾地的新产品开发顺畅地铺设了人才和技术的通道。

紧接着，林伟雄又高薪从湖北招来了模具专家，为挤出PVC线槽配备了各种模具，保障了线槽大生产的各个环节全优全面。

悉心准备，全力以赴，这是林伟雄一贯做事的风格。在林老板每天16个小时泡在厂里拼杀的感召力带动下，100多名顾地员工紧密配合，劲往一处使，汗往一处流，经过两个多月的奋战，终于，环保PVC线槽以波澜不惊的姿态，一举加入了林伟雄梦寐以求的"以塑代钢"的创造行列，并以一副光彩照人的形象，全面接受国人的青睐和追捧。

环保PVC线槽，也就是聚氯乙烯线槽，其采用PVC塑料制造，通用叫法有电气配线槽、行线槽、走线槽等。近年来已在普及用电国家被用于电气设备内部布线，能在 1200V 及以下的电气设备中对敷设其中的导线起机械防护和电气保护作用。这其实也是塑料技术的一次突破，产品相比具有绝缘、防弧、阻燃自熄等优点。自该产品诞生之后，人们又一次享受到现代文明的愉悦，配线方便了，布线整齐了，安装可靠了，维修查找便利了。

我们的民族，则因为有了林伟雄及其团队的大胆创造和执着，又一次搭上了"以塑代钢"的科技快车，得以分享了人类文明的又一硕果！

塑料线槽从中小规格做起，从 12cm 渐次向 16cm 乃至 100cm 系列产品跨越。线槽种类则从室内装潢配线槽到绝缘配线槽、拨开式配线槽，再到分隔型配线槽、明线配线槽、圆形地板配线槽等，全面涵盖了塑料线槽的使用领域，受益大众，造福万家！

图 9-1　林伟雄（中）在高立信（香港）智能电气有限公司进行考察，与公司高层任总和胡总现场交流

顾地产品第三次科技革命的成功，再次增强了林伟雄"以塑代钢"中不断探索、不断创新、不断占领战略高地的决心和劲头。

1985年，林伟雄开始为顾地厂组建成立一个"以塑代钢"研究所，据记载，这是中国塑胶行业第一家企业自办的研究所，他经国家有关专家帮助推荐，从上海、武汉、广州等地聘请专家学者前来驻扎，配备了本厂工程师及技术人员，内外结合，从服务本企业新产品研发生产出发，志在做到与国际塑胶流行制品同步甚至超越，为民族产业做示范和推广的榜样。后经国家人事部全国博士后管理委员会批准，于2002年10月在伟雄集团成立了塑胶行业第一个博士后工作站，向旗下企业顾地塑胶、松本电工、松本先天下、正野电器公司进驻博士后研究人员，开展博士后科研工作；还与华南理工大学、四川大学、同济大学的博士后流动站建立了长期的合作关系，引进博士后力量，为本企业和民族产业科技革命，进行最接地气的研究探索，取得了丰富的科研成果。这些，都是林伟雄在行业中做的全国第一的大胆举措和行动。

作为一个村办小厂，这么早就想到并且做到企业拥有自己的研发机构，不依赖国家的人力物力支持，独立承担起代表一个国家新兴产业的创新责任和义务，林伟雄所做的行动，其意义已经远远超越了自身，着实值得我们尊重和敬佩！

大胆跨越创新，三次技术革命，自然带来了好产品，而好产品更是为企业带来好效益。林伟雄谈到这点时，高兴地回忆说："那时，财务这边忙都忙不过来，收钱收到手软。记得每天下班前，财务室柜台的银纸都堆成山，堆得高高满满的，邱丽娟站在柜台那边，我都看不见她。那时销售产品没有转账，全是现金交易，又没有现在红色百元大钞，最大面值50元，最多是10元面值的，很占地方。快到下班时，邱丽娟和财务就赶紧点钱（数钞票），跟着送去银行存起来，怕人家下班，每晚都赶时间，像打仗一样。后来感觉这样下去也不是办法，每天收的钱都点不过来，我们就干脆叫银行工作人员提前上门来收钱，让他们去负责，因为钱太多了，放在财务室不安全。当时办厂真开心啊，都是现金结账，一年到头都是这样子啊！"

1989年7月23日，为确立企业法人和保障双方权益，顾地生产队与林伟雄商定，按当时上级有关政策，申请换发顾地塑料制品厂营业执照，容奇镇农村企业办于9月3日做出（89）容农企办098号文《关于顺德县容奇镇振华顾地塑料制品厂申请重新登记注册换发带国徽的〈企业法人营业执照〉的批复》，同意重新登记，并换发新的《企业法人营业执照》，法定代表人为林伟雄，并置备了《企业章程》以确定权益分配。

这也是一次适时理顺企业经营关系的好做法，及时避免像其他集体厂因"政策模糊"带来的不必要拖累和纷扰，使顾地塑料厂得以继续顺利平稳前行。

此后，林伟雄带领顾地人一鼓作气，科技领先，各个击破，全面占领建筑内给排水、市政给水、燃气、建筑采暖、市政排水排污等领域，成功开发出均具有"首家"意义的建筑终端产品——PVC-U给排水管、PVC-M高抗冲给水管、抗菌PP-R冷热水管、PP-R铝塑稳态管、PE-RT地暖管、PE给水及燃气管、PVC-C高压电力护套管、PVC-U双壁波纹管、HDPE双壁波纹管、PP-HM波纹管、G-WRP管道、G-MRP系统、G-HWP系统、PHSP系统等产品，为一个民族现代人居终端产品科技革命，做出了卓越的贡献，书写了传奇的一页。

顺德顾地以"以塑代钢"的创举，填补了中国行业内空白，从此替代了国内同类进口产品。这一项目的开发，"推动了中国建筑材料的又一轮革命"，被誉为中国建筑电气史上的新里程，《中国建筑电气年鉴》将它载入史册，以彪炳于世。

时至今日，一提起这个，当地人都爱说：顾地塑胶"威水史"，是我们顺德人的骄傲啊！

| 第十章 |

松本：第二次裂变与扩张

> 贵以身为天下，若可寄天下；爱以身为天下，若可托天下。
>
> ——老子

在顺德企业家群体里,林伟雄被取了个很特别的外号,叫"飞机林",那是大伙对他"企业做得大做得快""挣钱速度快"的认可,说他赚起钱来像开"飞机"一样,具有被人们称道的"林伟雄速度"。

如此高的评价,竟然出自中国最会赚钱的顺德众老板之口,这也可以看出林伟雄受到当地人尊重和佩服的程度。

不错,林伟雄良好的经商禀赋,加上做什么事情总比别人"多一分心思","吃着碗里的,看着盘里的,想着锅里的",那其实就是一种超前的智慧,是比别人多出的一种大智慧。这都是促使他成为顺德老板口中的"飞机林"的原因。

对于别人的这些说法,林伟雄从不去做过多解释,他却坦承自己做事讲究"水到渠成",顺其自然,尽力而为。他认为,伟雄集团发展史上有过三次比较大的"裂变与扩张",第一次是顾地塑胶从原来生产普通民用电表箱等简单的塑料制品,到研发出难燃PVC槽、管,替代了传统的钢线管、木线槽,带动了

"以塑代钢""以塑代木"的潮流；第二次是"松本电工电器"的产生，首次打破了国内高档开关插座市场被洋货一统天下的局面，而且创造了珠江三角洲工程70%市场份额的成绩；第三次转型则是通过一系列重组、购并等导入全新的发展战略，让集团旗下企业走出广东，广泛占领"中国版图"。其实这么多年来，企业的每一次转型，都是出于自身发展的需要，也必须要看得清、望得远，都是为了寻找永续经营的"活水"。

纵观伟雄集团30多年来的磨砺和发展，其事业始终没有离开建筑材料终端产业，旗下的每一个品牌，显然是建材终端这一产业链中的一环，而每个品牌又实行"多元化"的发展战略，通过不断打造和完善产业链上各个链环，并苦心经营好各个链环，做到齐头并进，最终成就了伟雄集团这个庞大的建筑终端产品王国。

是的，在顾地"以塑代钢""以塑代木"第一次成功转型并快速发展壮大之时，林伟雄几乎马不停蹄，继而找到了企业的第二个突破口，也就是他说的"第二次裂变"——创立了"松本电工"品牌！

当然，这也是林伟雄坚持在中国建筑终端产品链上又一次崭新的革命。林伟雄是这样回望这次"革命"的缘由的："那个年代，国内还没有什么现代家居装修的说法，日常用电只有拉线开关、闸刀开关这样的原始开关，很落后，亲戚在香港带个电视机回来，没有接电开关插头，带个电话回来，也没有什么电话线插头，买一个进口开关要七八十元，那么贵的东西，大家也买不起。如果我们能自己造出来，做到又平又靓，就好了。直到 1991 年 8 月，惠州市澳大利亚某电器公司的一位离职销售人员慕名找到了我，提出想和我合作创办一家生产开关、插座的公司。当时澳大利亚某厂生产的这种开关在国内有一定市场，而我看到产品的外壳采用的是塑胶产品，塑胶和电工两个产业很有关联，都属于建筑材料范围，可以互相促进，如果自己加入电工这一行，在原料方面就有优势。我便拿着进口的开关，召集了公司所有的技术人员开会一起想办法，让他们研究用怎样的设备和工艺去做。后来，通过模仿、吸收和不断的技术创新，'松本电工'制造出的开关最终替代了国外进口开关。如今我们的开关插头质量比国外的还好，最便宜的开关才 2 元多一个，任何家庭都能用得起，这就是我们带出来的好路子。"

依据开关外壳是塑胶产品，电工和塑胶也是两个有关联的产业，却又同属于建筑材料范围，林伟雄认为若加入电工这一行，自己在原料方面就更有优势，可以互用互补，互相促进，实在是一举多得的好事。加上这位慕名而来的"合伙人"有着新项目的技术和市场优势，而对方又看重顺德老板林伟雄办厂的能力和人格魅力，彼此惺惺相惜，所以双方一拍即合——1992 年初，顺德市容奇镇松本电工照明实业公司宣布成立！

出于管理上的便利，林伟雄这次的创业"裂变"，其实是

"打了个擦边球"——松本公司名义上挂靠集体，实际上为私人合资企业，挂靠的容奇镇没有出资和管理。公司注册资本300万元，林伟雄和合伙人双方各占50%，即各出资150万元。当时合伙人还没有经济能力，只拿得出1万元，林伟雄就主动替其垫支149万元，以保证公司能顺利运作。林伟雄一旦看好了双方的合作，他就敢于出面承担风险，他对合伙人说："我替你先出钱，赚了我们平分，亏了不用你还，公司由你来做总经理，你放心大胆干就是了。"这样为合伙人考虑，又没给对方经济负担和风险，敢于放手信任合伙人等优厚条件和做法，实在需要很广的胸怀和很大的诚意！在初次合作就敢"赌"出这一大招的老板，日后经营红火获取双赢更是理所应当！要知道，这竟然成为林伟雄后来成立新公司或增加新项目时，保留下来的一种"传统"做法，如后面成立的正野、威利坚、得亿等品牌公司，林伟雄诚邀合伙人加盟，都给每个新公司、新项目参与的合伙人或本集团的高管分配股份，让首轮参与者都获得"股东"的角色，一开始就获得最直接的利益"分享"，这可能是中国企业家对待合作伙伴最具有"伟雄特色"的做法，这也是林伟雄多年来凭良心做企业、善于与人事业共享、坚持让有贡献者获取更多利益的特有做法。

当时，顺德工业主要有乡镇企业的工业、外资工业、挂集体名义的私人工业和国营工业四大类，这是改革开放后，顺德发展工业的成绩表，而又以集体工业占主要地位。那年代的讲法是亚洲有"四小龙",广东有"四小虎"。这"四小虎"分别是顺德的集体工业、中山的国营工业、东莞的外资工业、南海的私人工业,而最被吹捧的则是顺德的乡镇企业。但林伟雄的松本电工,这次显然与顾地身份不同,走的是一条挂靠集体名义的私人工业的路子,同样成为顺德工业大合唱团的光荣一员。这也是林伟雄聪明才智的另一体现。

图 10-1　广东松本电工电器有限公司

只不过是,这次开场锣鼓,并没有林伟雄预想中那么容易敲响。

林伟雄还是按自己一贯做事的准则,给予"宽松环境"和"优厚条件",放手让合伙人全面管理,期望通过专家专业来完成裂变。合伙人的想法也简单,以为凭借自己掌握的技术和市场,就可以收获效益,他们甚至把办事处和商务部都放在广州市，又远赴温州，选择那些"三来一补"手工作坊，按"图纸"技术来设计加工产品，也就是所谓"贴牌生产"。这是严重的"不到位"管理。结果可想而知，那些手工作坊送来的产品，大多是不合格的，是要大量退货的。这样折腾了大半年，也让很多经销商们一时失去了热情。

　　林伟雄敢于正视现实，也敢于改变现状。随后，他多次与合伙人前往温州，彻底摒弃了手工作坊的羁绊，开始在顺德自办生产园区。从高起点出发，林伟雄拿出大部分积蓄，豪掷1000多万元，引进国外最前沿的生产设备，还在原有三个技术员的基础上，高薪从某中外合资厂挖来专家，配备了相应的技术力量；与此同时，从建设一个电工电器生产基地的构想出发，在顾地厂区一侧，填鱼塘拓展用地50多亩，建起了现代工业厂房80000平方米。也就是说，用了半年时间，完成了松本电工软、硬件建设的塑造！

　　松本电工的股东和创业者们，这次不负众望，不辱使命，用中国人的智慧和汗水，在较短时间内，培育出了属于自己的电器配件"国产新生代"——松本开关及插座！

　　"开关之间，点亮人生"，随着中央电视台推出的第一个广告语的流行，"松本"产品挟带着新颖靓丽的外表和优秀的品质——走精品路线、采用进口高档材料、设计精细、外观典雅、手感别致、品质上乘，一下子就征服了国内广大消费者，赢得了市场的热烈青睐，人们对这个又平又靓的"洋货"赞不绝口，或抢着购买或争着开经销店，尽管产品出厂地标明的是"广东顺德"，但绝大多数消费者都认定"松本"就是"日本货"，要不就是"中日合资"牌子。这个"美丽的误会"，时至今日还在流传，主要让人信服的在于它的品质，再加上名字近似日本的，所以大家误认它是"日本货"也就不足为奇。其实，"松本"作为注册产品商标，是最早在为新公司起名时就定下来的。说起"松本"二字，这不过是林伟雄的有感而发，这与他少年时当伐木工人的感受有关，他一直认为松树是树中之冠，他要以"松树的本质"来激励自己进入这个新的领域，所以才起了这么个有点"励志"的名字，并保持用这个名字来作为产品的商标。他后来对那些"会错意"的记者做过一次纠正说："我当时还没去过日本，也不知道这样怎么就像个洋名了，我这是随意起的，是佩服松树的本质，松树是常青树，生生世世，岁寒不凋，坚韧挺拔，不改其志，我希望我们的事业也像松树一样，基业长青，长长久久。"

不管是冲着所谓"洋名"而来，还是看好松本产品的"又平又靓"，20多年来，人们对松本的追随和热捧，真的就如其名字含义一样长盛不衰，松本的事业经霜傲雪，始终坚韧挺拔，基业长青。这也是让林伟雄一直感到欣慰和骄傲的。

请记住："松本电工"的产生，填补了国产新型高档开关、插座产品的空白，一举打破了国内开关、插座市场被洋货一统天下的局面，占据了全国同类产品市场份额头把交椅，仅一年时间，就创造了国内市场占有40%份额及珠三角工程市场占70%份额的纪录。

响鼓更用重锤，好酒也要吆喝，这也是林伟雄区别于别的老板的商战技巧。昔日助推顾地产品风行全国，林伟雄就是顺德老板中第一个敢花钱上中央电视台做广告的人。如今"松本电工"产品新鲜问世，好评如潮，林伟雄也不肯削弱推销手段，照样是挖空心思，不遗余力，又成功地独创出一个"店头牌"的新招式——派员前往全国各地，对经销"松本电工"的专卖店或五金店，免费送上统一制作的巨幅产品广告和该店店名，也就是俗称的"店头牌"，一起装嵌在店门前展示开来，让上门或路过的顾客一眼就记住"松本电工"的牌子，起到比其他广告都难以达到的好效果，以致后来国内很多厂家也纷纷效仿这一做法。说起来，这也是"松本电工"和林伟雄对新营销手段所做的一种贡献。

"松本电工无疑是近年来电工领域最成功的企业。从1992年初创办起，到1997年，仅5年时间，其产品已经占有了全国高档电器开关、插座市场的45.03%，市场占有率雄踞全国第一。松本商标成了国产开关、插座的第一品牌！"《南方都市报》2000年11月30日报道。

随后，松本电工策马扬鞭，苦练内功，与世界接轨，以民族品牌竞技国际市场，在国内同行业中第一个通过了ISO9001：2008国际质量管理体系、ISO14001：2004环境管理体系等一体化认证；同时还通过中国质量认证中心 CCC 认证；荣获国家标准委员会颁发的"采用国际标准产品标志证书"。松本电工被评为"中国名优建筑电器产品""消费者喜爱的国货精品""广东省著名商标""广东省名牌产品""广东建材行业最具影响力品牌"。松本公司被授予"广东省首批民营科技企业""广东省高新技术企业"等殊荣。在历次全国电工产品质量检查中，松本电工一直在十大合格企业中独占鳌头，多年来成为代表国家地标性建筑和国家重点建设项目替代进口用材的首选品牌，被钓鱼台国宾馆、布达拉宫、鸟巢、水立方、北京财富中心、深圳五洲宾馆、大亚湾核电站等指定使用。

图 10-2　林伟雄在"中国山东绿色建筑装饰材料直供市场——广东伟雄集团直销展厅"开馆仪式上

2003年，经广东省经济贸易委员会、广东省财政厅、广东省国家税务局、广东省地方税务局、海关总署广东分署批准，在松本电工成立"广东省企业技术中心"。

2004年3月，松本电工经中华人民共和国人事部、全国博士后管委会批准建立"博士后分站"，"以技术创新求发展、靠科学管理出效益、凭优良品质争市场、纳精英人才创未来"，不断应用最新科技成果，努力提高企业科技实力，进一步提升企业研发能力，继续保持业内技术领先。

松本电工一直以业界领袖品牌的身份，引领着国内电工产品市场的发展趋势。2006年11月，"松本"品牌被评为2006中国最有价值品牌；同年，在国家品牌价值评定中，"松本"品牌价值18.77亿元。

2013年3月20日，中国电器科学研究院领导一行来到松本电工进行参观考察。当大家看到了松本电工先进的自动化技术以及强大的生产和设计能力时，这些见过大世面的专家们都大为惊讶，吴国平院长当场给予高度评价和赞许："中国本土的电工企业能够借鉴先进的管理方式和生产模式，不断缩小与国外先进自动化的差距，极大地促进了中国电器附件行业自动化运作的发展。松本电工是行业的佼佼者，特别是自动化装配生产线的实现，更是国内行业的领头羊，为我国电器附件的发展做出了重大贡献！"

| 第十一章 |

艰难蝶变，华丽转身

> 不自见，故明；不自是，故彰；
> 不自伐，故有功；
> 不自矜，故长。夫唯不争，故天下莫能与之争。
>
> ——老子

1992年1月29日，冬日正午的阳光暖暖地洒在德胜河上，让人感到几分温润舒畅。河畔的桂洲珠江冰箱厂，此时来了一位南巡老人，正在饶有兴致地四下浏览观赏。与珠江冰箱厂只有一条马路相隔的是林伟雄的顾地塑料厂，旁边还聚集着金龙油墨、侯氏打火机厂等那些后来都是鼎鼎大名的企业，而中国改革开放第一家"三来一补"企业——大进制衣厂就萌生于此地，这里可算是当时中国乡镇企业兴起的摇篮。中国改革开放总设计师邓小平同志，正是看中这里的特殊位置，前一天视察过珠海后，便把脚步停留在这里。

在珠江冰箱厂转了一圈，邓小平便小歇下来，对着陪同的佛山市委副书记欧广源，用浓重的四川口音问道："广源，你多大年纪喽？"欧广源答："44岁。"邓小平说："我88岁，正好是你的两倍！"老人是感叹岁月匆匆，这是他第二次来顺德了，8年前，欧广源还是顺德县委书记时，也陪同了他。欧广源回忆说："我亲耳聆听了小平同志的讲话，听他阐述了'发展就是硬道理''思想要更解放一点,胆子要更大一点,步子要更快一点''不改革开放,发展经济死路一条'。当时思想震撼很大。"

林伟雄也记住了当天的情形:"那天,我们正在开高层管理会,正准备把顾地塑胶厂搬到高明那边去,因为在顺德这边没地方了。休会时从四楼望过去,见对面冰箱厂来了很多客人,在参观,外边停了很多警车,过后才知道是中央领导来了。"

林伟雄他们并不知道,邓小平这一次南巡后,全国将迎来一次更大、更彻底的改革,同时也将要解决更多像他们这样的企业家眼下所面临的窘境。

图11-1　2013年6月21日,林伟雄陪同美嘉建材家具用品有限公司及澳门建筑界考察团考察伟雄集团

随后，广东省委立即在广州珠岛宾馆召开会议，很快做出了"顺德为综合配套改革试验县"的决定，让顺德关起门来，进行以企业改革为中心的综合改革。寄望大胆的顺德人再次放开手脚，实现顺德经济的第二次腾飞，从而带动全省，影响全国……

作为广东"四小虎"之一，顺德当时繁荣的背后确实存在着可怕的隐忧，顺德农业银行在《辉煌的成就，沉重的包袱》调查报告中，一语惊醒顺德人："公有制企业空壳化日益加剧，银行信贷资金沉淀日益严重，公有企业产权非常模糊……调查发现，顺德有经济包袱的企业259家，其中103家已资不抵债。"

于是，从1993年起，顺德在全国率先拉开了产权制度改革的序幕：一是转换企业机制，创建"产权明晰、贴身经营、利益共享、风险共担"的企业发展新模式；二是建立以股份制为主要形式的多种经济成分并存的混合所有制经济，以优化产权结构和公有资产结构。从而为顺德经济快速增长开辟了一条快车道，同时也为全国产权制度改革率先垂范。

按照"抓住一批，放开一批，发展一批"的思路，顺德县对大批公有制企业产权展开改革，创造性地提出了"靓女先嫁"这一新名词，也就是先将效益最好的公有制企业，进行净资产核算评估后，以租赁、公开拍卖、产权移交等方式"卖"出去，实行股份制、股份合作制、合伙制、有限公司产权。这在当时令全国注目，一下子引起轩然大波。

"转得快，好世界。"这句顺德人转制时"创造"的顺口溜，一时间成为国内流行的生活用语。

当时涉及转制企业的顺德工业区主要有四个：一是105国道顺峰山下的企业，有华宝空调、万家乐、牛津布、顺安织造、第一灯饰厂等，都是属于县属集体企业；二是容桂的企业，有科龙、容声、林伟雄的顾地塑料厂、侯宝成的一次性打火机厂、顺德电饭煲厂、金龙油墨、TMT风扇厂、金利灯饰厂等，多数是镇、村属企业；三是陈村、北滘一带企业，有美的风扇、鹰牌风扇、裕华风扇、南方风扇、蚬华微波炉等；四是龙江的家私厂群落。

"可怕的顺德人"用了三招"嫁女"，显得义无反顾：一是改由员工持股，即按工龄、职务等按比例分配持股；二是由企业内少数几个人持股；三是卖给外人，如华宝空调就卖给了顺德乡里香港蚬华的翁佑先生。林伟雄统领的顾地塑料厂，自建厂之日起，一直是利润逐年上升的集体企业，是顾地村企业中最大的"盘子"，也就是顺德集体企业的"靓女"之一，自然属"先嫁"范畴。按规定，他们被列为第一波"转制"的企业。

这段日子，林伟雄不得不正视企业"转制"而引发的诸多心理上的煎熬。

如同面对一个浸透自己心血的"宠儿"，在父亲多年悉心哺养下已长大成人，且能挣大钱了，如今，却要放开他们，任由众人一起竞争"抚养"权,对于"生父"林伟雄来说,心情是复杂且痛苦的。然而,以前毕竟是"被授权式"养育,而这一次争取的将是彻底的"所属权",假如自己能"争"得下来,那么,这个"宠儿"的未来,还有自己在这个行业的天地,将会更加充满希望和美好。其实,这些年来,比起顺德其他乡镇厂长,林伟雄对原有体制顽疾的认识更痛切,集体企业中政企责、权、利的纠葛和羁绊,一直掣肘着这位胸有大志、想干大事、要办"中国最好企业"的有心人。我们可以这样认为,假如让他听凭现状,以集体企业总经理的身份参与行业竞技,他当然不甘人后,同样也会闯出一片属于自己的天空。但是,眼下将企业核定资产拍卖或转让给私人,假若能落到他本人手上,让他自己做老板,不再受制于客观上的"婆婆"干扰,相信那将是把这条蛟龙真正放回了大海,它会以自己与生俱来的勇猛,长袖善舞,腾飞九天,创造出更大的奇迹。然而,要获得这个"宠儿"的"抚养"权,必须拿出数千万元巨资,同时,还要与全社会包括那些资金实力雄厚的集团同台竞争,这对于一个只是打集体工的厂长来说,无疑是困难重重的。

显然,林伟雄必须勇敢面对眼下艰难的抉择。

其实,眼下已容不得他过多地考虑和权衡,他必须想出办法,不让顾地厂落入他人手中。

由于顾地塑料厂是顺德企业中的"靓女"之一,大家都十分看好这份优质资产。所以,有心前来参与"抢食"的对于特别多。那段日子，林伟雄每天都要坚守在厂里指挥工作，又要频频接待那些穿梭于其间"考察"的单位，人家争着要到厂里参观现场，看看有多少"油水"。林伟雄虽然心里不怎么舒服，但也得忍着。

1993年6月，容奇镇转制小组向社会公布，顾地塑料厂核定净资产为1.05亿元，根据有关政策规定，若林伟雄作为原参与经营者接手，可享有优先权，但按企业股份占比，其个人必须要出资3600万元，买下顾地村原有的35%股份，才能转为100%独资拥有的民营企业。

这显然是一张十分昂贵的"入场券"，林伟雄知道自己没这个经济实力，拿不出这么多钱，但他心里一时还是有个底，他深知自己这些年做企业的"公信力"，有多年在"江湖"上的忠义和诚信。他立即找到了银行方面的朋友，把自己的想法和做法与对方坦诚交流，希望获得帮助和支持。银行方面知道林厂长办厂有方，效益很好，而正因为效益好，工厂的净资产核算也特别高，觉得与之合作也有保障，也没提出更多异议，便以单位名义出面支持。

至此，这场脱胎换骨的企业改制，才得以顺利、平稳结束。林伟雄有惊无险，从一位集体企业厂长，变成了民营企业董事长，真正当上了自己的老板。

林伟雄和他的事业，完成了一次艰难的嬗变。

这一年，林伟雄已49岁，快步入"知天命"之年，但他算是幸运的，竟然在生命的这个季节，赶上了一个创业的好时代，成为中国改革开放第一代企业家，完成了人生一次华丽的转身。时光悄然流逝30多年后，在林伟雄打造的高明工业园花果山上，那天林伟雄和我们一起喝着红酒，一起回首这半生岁月，虽说不出什么豪言壮语，却一脸兴奋，感慨颇深："都是邓小平同志的政策好啊，办企业就得靠市场说了算，白猫黑猫，捉到老鼠就是好猫。我们顺德的企业改制很成功，平稳过渡，国家受益，个人得益。这个做法，佛山市先推广，然后是全国推广，功德无量啊！"

其实，在林伟雄的内心深处，要"做大企业"的强烈愿望从来就没有变过。假若按原有的集体厂长步子走下去，他是同样初衷不改的，而眼下的改制，只是更加天遂人愿，加快向日后建立中国建筑终端产品王国迈进，仅此而已。

转了制，松了绑，做了自己的老板，真正成为"主人翁"的林伟雄，就获得自由了，不再被诸多的条条框框限制了。他说："早时总有要做大做快一点的想法，想去银行贷点款，多投入，但因为企业是集体的，你个人不能做主，要对公家负责，保证稳妥，所以十多年来，我做厂从没向银行借过款，只是靠自己'滚雪球'发展；但现在这企业是我个人的了，我做得了主，当企业需要加大力度，多赚点钱时，我也敢大方做了，敢借钱了，这是改制后最大的不同。"

"海阔凭鱼跃，天高任鸟飞"。做了自己老板的林伟雄，可以尽情自由挥洒，纵情放声歌唱，他目光更远、胸怀更阔、力量更大、干劲更足。他首先冲破地域藩篱，大胆"出走"顺德，在佛山西部的高明，拓新兴建一座800亩"花园式工业城"，开启了顾地塑胶规模化、基地化、全国化产销模式，随后接连在华中、华东、西部、西北、华北等地兴建顾地塑胶生产基地，实现了中国塑胶行业"巨无霸"的成长之梦；与此同时，用最短时间，培育出第三个品牌家族——正野电器，同样是围绕构建一个中国建筑终端产品王国展开，且在伟雄企业的三大体系——顾地、松本、正野中因势利导，齐头并进，在不到10年时间，新建生产基地（公司）发展到18个，以每年1.5个基地的速度迅猛成长，覆盖全国，气势如虹，且一个个在伟雄家族中自有出息，"打虎亲兄弟，上阵父子兵"，为民族建筑终端产品王国的建立和稳固，立下了汗马功劳。在接下来的三年，组建成伟雄集团公司后，年利税便从原来的1200多万元，迅速飙升到1.1亿元，增长接近10倍！

看看，这就是企业转制带来的变化！

这就是一个民族大胆改革的力量！

这也是一个卓越者的优秀本色！

嬗变10年，至2003年，由胡润与国际著名传媒集团"欧洲货币机构投资"共同推出的首个中国内地富豪榜——"中国百富榜"公布："伟雄集团林伟雄位列第91名，拥有财富9.5亿元。"其辞条颇为醒目：

1979年起，从一个小型塑料药用瓶和电子配电器制造厂起家，林伟雄创办了伟雄集团，集团行业包括塑料材料和工业设备，其中包括塑料管道、电线槽管、塑料门窗、照明、电扇和电器开关。伟雄集团去年的销售额为50亿元，纳税1亿元，在全国有7家生产厂，员工人数超过7000名。

也就是说，改制后的顾地，在林伟雄真正做了自己的老板后，仅用了10年时间，就创造了比之前14年高出26倍的财富。顺德市则在"中国百强县"评比中能够连续四年排在全国榜首，成为中国首个GDP突破千亿元的县域，拥有亿元级制造企业300多家，这都归功于顺德体制改革的英明；同时亦证明，当年顺德人在中国改革开放总设计师邓小平"思想要解放一点，胆子要大一点，步子要快一点"的思想引领下，走有中国特色的社会主义道路，是何等正确、何等利国利民！

第十二章

顺德民企"出走"第一人

> 知者不惑,仁者不忧,勇者不惧。
>
> ——孔子

伟雄集团所在地容桂镇，地处顺德区东南部，是中国少有的工业重镇，被国家授予"中国品牌名镇"和"中国千亿大镇"称号，是闻名遐迩的一块世界性投资热土。这里拥有国家级别规模的高新技术开发区，聚集着众多的世界500强企业，仅超亿元的企业就有108家，既有人们耳熟能详的本土企业格兰仕、万家乐、科龙、容声、万和、华宝、华润涂料、德美化工、青岛海尔等，也有美国安普、泰科，加拿大北电，法国亿迅，中国台湾樱花等。伟雄集团旗下的"顾地""松本""正野"等著名品牌公司，则是这些"空降兵"进驻容桂之前的"老臣子"，是容桂本土最早成立的公司之一。

然而，到了20世纪90年代初，作为"老臣子"的伟雄集团，面对这里的寸土寸金，却不想仅固守住这"一亩三分地"，原因是这里有限的地盘，已装不下林伟雄继续把企业做大的构想雄心，他决意要冲破地域羁绊，走向更广更远的天地，为未来事业寻求新的突破和裂变。其实，说林伟雄是想打破地域界线，倒不如说是他敢于打破固有的思维定式，力图获得更大更自由的"发展空间"，而这才是林伟雄做人做事的特有本色。事后发展证明，林伟雄这步棋是走对了。

是的，早在七八年前，林伟雄凭着一股自力更生的狠劲，带头填鱼塘开出了两块80亩的工业用地，并用了不到一年的时间完成了厂房和宿舍的配套建设，但是，在林伟雄现时的眼中，这里只是一块"巴掌大的地方"，无法承载他做大产业的梦想。1993年春天来了，希望也来了，佛山市西部的高明区，正在火热招商引资，有大量工业用地优惠，可以满足林伟雄这一需求。"一旦有好机会，就得去做，谁先做谁先赢"，林伟雄经常这样提醒公司的高管。于是，他头一个跑到高明，开口第一句就是买地建厂，高明方面几乎有求必应，这样，他便先后两次拿下了800亩地，比起顺德顾地公司"根据地"一下子就扩大了10倍。至此，林伟雄终于有了一处更大的"空间"，可以更自由地施展拳脚了。这也迎合了孙子兵法："顺天时，占地利，得人和，战则无往而不胜。"他一鼓作气，乘势而上，顺顺当当地建起了高明这个被媒体大力称颂的"中国第一个花园式工厂"。作为顺德商界向外发展投资的"第一人"，林伟雄的故事开始被人们津津乐道。如今，我们可以看到伟雄集团在"中国版图"上，早已构建了一个堪称完美的战略布局。

日后，林伟雄这一"举动"，被当地媒体称为：顺德民企"出走"第一人。直到10年之后的2003年，众多记者仍然关注着这个话题，《珠江商报》记者杨芳曾这样对话过林伟雄：

记者：据我所知，您在对外投资上有很多经验，所以您现在还有一个很重要的身份就是顺德民营企业投资商会的会长。其实，在20世纪90年代的时候，当时顺德的企业家还不是太敢"走出去"，因为大家的观念还不是太开放，会觉得是为别人创造税收，但您还是第一个"走出去"了，当时是怎样想的？

林伟雄：十几年前，我在容桂的厂房已经盖到了6层楼高，土地不够用，我们只能向高层发展，但这不仅增加了搬运成本，而且很危险。加上当时的生产和销售情况非常火爆，运货的车很多，由于进厂的道路很窄，这里经常会造成交通堵塞。假如一天有存货，这里根本没有地方放。而且，当时顺德的土地审批很困难，要在当地扩建厂房不太可能。既然顺德的土地资源难以支撑企业的发展壮大，唯一的出路就只有"走出去"。1993年的时候，我被邀请参加高明市的一次招商引资大会，了解到高明那边有厂房用地供应，开厂又有政策优惠，我觉得那边有更好的发展环境，就过去一口气买了数百亩土地来建厂房。虽然当时惊动了整个顺德，很多人说我把税收拿到高明了，而且当时去高明的路很难走，顺德到高明要开车5个多小时，但我还是坚持去了。因为我自己最清楚，假若不转变观念，不"走出去"，企业根本"长"不大。现在我们集团分别在广东、湖北、重庆、北京、河南、甘肃等地，都已经建有大型生产基地了。

中国建筑终端产品之王林伟雄

图 12-1　伟雄集团位于佛山市高明区的顾地塑胶公司生产基地

是的,一旦获得可以把持企业的主动权之后,林伟雄这一志存高远的"蛟龙",早已不再满足于顾地村这个小鱼塘了,他一直有个要把塑胶事业做到中国第一的宏愿,他要走向更广阔的海洋。于是,他做了个"出走"顺德的抉择。

只是没想到,这个被顺德老板称为"师父"的带头大哥一朝"出走",就立即在当地企业界引起一场不小的"地震",原来许多深受工厂"地盘"限制、无法扩大厂房场地的老板,一下子纷纷效仿林伟雄,随之也跟着走出顺德,或者向周边的中山、江门、肇庆等市"转移"。一时间,惊动了顺德市政府的领导,时任冯市长找到林伟雄,对他的"出走"表示歉意,认识到是政府的服务没有跟上,迫使有关部门随之顺应民心民情,立即做出政策整改。于是,容桂镇日后便有了占地 13.5 平方公里的顺德高新技术开发区，包括3.5平方公里顺德唯一的国家级园区和10平方公里省级园区，以及中科院顺德基地等。大家知道，这些都得益于林伟雄"出走"带来的"蝴蝶效应"。

图12-2　伟雄集团高明工业园内拥有一座二百多亩的花果山，每年吸引省内外客人前来观光游览

林伟雄却不悔当下，认准了就干，而一干就要干出色。那时从顺德顾地大本营到高明基地，全程近百千米，还没有高速公路，只能走国道公路，兜兜转转，光走一趟就得5小时左右。林伟雄干脆就吃住在高明，和员工们一起栉风沐雨，不分日夜苦干。他回忆说："开荒牛的做法太辛苦了，我就是从那时候开始，得了严重的胃病，以至于身体出现后患。"

顾地塑料基地很快就建立起来了。前期工业园占地18万平方米，拥有现代化厂房6万平方米，小区内点缀着生态公园，小桥流水、花红柳绿，四季绿荫掩映；200亩果树成林，一年到头芳香不谢，果实累累，营造出一方工作和人居的安逸之所。

与之配套的，还有占厂区1/5的职工宿舍，说是宿舍，其实是建了多幢高级专家别墅，就是供给公司内部专家、工程师享用的。

这是林伟雄的一个创举，就凭这个，他又争了一个全国第一的声誉，人民日报社主办的改革开放后我国第一张经济类报纸《市场报》当时对此做了报道："最近兴建的广东高明顾地工业园，成为我国第一个花园式工厂，让人耳目一新！"

还是围绕建设一个建筑终端产品王国的远大目标，林伟雄只要遇到机会，就会紧紧抓住不放，他总是有着过人的商业触觉和善变才能，这也是伟雄集团在他的治理下得以长盛不衰的关键。

曾在1996年慕名前来应聘总经理助理职位的广州仔谢海涛，先后在顺德、高明顾地担任过高管，参与和见证了这个工业园区的快速建设和发展，在和我们谈起他昔日的老板林伟雄时，他充满一脸敬意："林总给我的感觉就是个商业奇才，他市场触觉过人，眼光锐利独到，好似有一双鹰眼，能看别人看不到的地方，善于抢占先机。这都需要特殊的商业本领，而他就具备商场枭雄的能力，够自信、有杀气，好像一切尽在掌握之中。集团做大到一二十个公司，他还能稳坐军帐中，轻松把控全局，收放自如，见招拆招，一剑封喉，赢人难赢之战！"谢海涛曾就读于暨南大学企业管理专业，原在一家国营明星企业从事管理工作，但被民营企业伟雄集团的影响力所吸引，就毅然追随林伟雄，他说："当时伟雄集团几个品牌都是中国第一了，再做就是世界第一了吧，那时科龙已走下坡路，格兰仕还很小，谁都没有他们的本事大，做一个成一个，个个品牌都是响当当的，又是实业型、工业型，不搞贸易，做得风生水起，让人羡慕。我第一天去应聘，第二天就做总经理助理，第三天就让我代表集团领导去出席镇政府会议做报告，老板很信任我，还让我有20万元签单权。当时我去做了高管，也有点飘飘然，好自豪。"

第十三章

正野：第三次裂变与扩张

> 操千曲而后晓声，观千剑而后识器。
> ——刘勰

在高明建立伟雄集团现代化工业基地，林伟雄一开始就显出要做大做强企业的大胸怀、大手笔、大格局，他一边高起点建设国际化生产厂房和优质的生活配套设施，扩大顾地塑胶生产规模；另一边则在积极筹划引入新项目，以加快拓展旗下产业版图，利用好现有的生产环境和条件，尽快将自己的事业做大做强。所以，在建设工业园的日子里，林伟雄将更多的精力放在了筛选上马新的项目上。

于是，"正野电器"——伟雄集团第三大品牌应运而生，也就是实现了林伟雄经营布局的第三次裂变！

正所谓得来全不费功夫，说起定夺"正野"这个品牌的命运，林伟雄也像对待顾地和松本两大品牌那样，看上去有点不经意，是水到渠成，其实，他是凭着自己出色的商业警觉、想象力和判断力，认好就果断出手。这也符合他每决定一个大项目之前，都不需要多么刻意地去做前期的论证或反复考察，也不去加入太多深奥复杂的主观因素的特点，他说他就爱把复杂的事情简单化。

这也是一种过人的能力，一种与生俱来的本领。

在2017年阳春三月的仙泉，林伟雄和我们谈及当年创办"正野电器"的起因时，已显得一派云淡风轻：

"当时是1995年夏天，江门金羚换气扇厂的吕植良、谭锦光等三人来看我，之前我们并不是很熟，他们带着项目和想法过来，想找人出钱开厂。这是个生产家用通风换气类产品的项目，是新项目，当时国内还没有多少厂做，正因为新，所以我感觉有市场，反而有得做。很多人说顺德老板不熟不做，这也没什么错，顺德老板都比较实在，做事谨慎，但不是不敢做新项目，而是看准了才做，不算什么保守。格兰仕从生产羽绒服到做微波炉，原先都不熟，我们做松本电工，原先也不熟，如果顺德人怕创新，就不会有今天的顺德了。而且这个项目与我之前所做的顾地塑胶、松本电工都是属于建筑装修材料产品，尤其是抽风扇的外壳、扇叶等都要用到塑胶，也就是现在习惯说的同一个产业链，是带'家'的产品，人类有家就要有家电、家具、家装材料，所以，日后只会越做越好，什么产业都排斥不了这个产业。我在这个行当做了这么多年，比较熟，又有优势，所以就很感兴趣，然后我们就细谈开来。

我这个人做事比较爽快，也很直接，大家商量出有得做，就决定合作。说实话，我向来给合伙人的条件都是很优厚的，所以这次也像松本电工项目一样，全部投资由我来出，我给他们三人股份共 35%，我占 65%。然后，利用我们高明工业园的厂房，与顾地厂房同在一个生产基地，便于整合各种管理资源，我们购买了四台意大利注塑机和一批先进的生产设备，就把正野搞起来了。"

是的，这就是林伟雄做企业的风格：认准了就干，决策果断，行动利索，从不拖泥带水，不去计较太多的个人得失，而大多想到的是合伙人会不会有钱赚，合伙人该送多少股份，几乎每个项目的合伙人都不用出资，赚钱了按股份分，亏了不用合伙人负责，风险由他林伟雄独自承担。日后，林伟雄凡与合伙人创办新公司，几乎都是这样的"模式"。

如此诚意和真心对待合伙人的做法，在中国的企业界中，可真是不多见的。

难怪林伟雄能把事业做得这么大、这么好。

助人者，天助也；成人者，天成之。

凭着林伟雄优良的合作作风和传统，正野电器一朝出世，就揭开了中国通风换气产业领域崭新的一页，进入了一个国家的记忆：

中国第一台电动百叶窗换气扇产品；

中国第一代静音装饰换气产品；

中国第一代电动橱窗换气扇产品；

● 中国建筑终端产品之王林伟雄

中国第一代分体式管道换气扇；

……

迄今为止，正野已获百余项国家发明专利、实用新型专利和外观设计专利。

图13-1　2010年4月28日，林伟雄在第九届外交官之春暨第五届杰出华商大会财富领袖论坛"2010中国绿色城市"颁奖典礼上

2004年，正野公司自发自立，创建了"佛山市多功能通风换气工程技术研究开发中心"，这也像其老大哥顾地一样，是第一个在行业中依靠自己的力量拥有的技术研发中心。他们从公司每年的利润中提取5%作为研发经费，联手多家高等院校的研究机构，从一个国家行业的技术工艺高度出发，共同开展通

风换气产品领域的前沿技术研究与探索，为正野在行业的地位和持续发展插上了腾飞的翅膀。

随后，凭借雄厚的综合实力和对产品静音、装饰、超薄、节能的追求，正野公司相继建立了具备国际先进水准的"空气动力测试中心""微电机型式试验中心"和"噪声测试室"；并通过国家二级计量体系认证和ISO9001：2000国际质量体系认证，产品生产执行IEC标准并获得国际采标证书。此外，正野还通过了世界通行的各类保证体系，如HVI、ENERGY SAVING STAR、CB认证，加拿大的CUL、CSA认证，欧盟的RoHS、CE认证，韩国的EK认证以及中东的SASO认证等国际权威认证。正野产品的卓越品质，已日益得到世界各地消费者的广泛认同和赞誉，产品远销德国、美国、法国、日本、加拿大、阿联酋等世界各大洲的60多个国家和地区，与国内外诸多企业建立了长期合作伙伴关系，并成为2008年国家奥运工程项目的合作伙伴之一。鸟巢、水立方、商务部大厦、交通部大楼、中国电子大厦、新郑机场、广州百货大厦、昆明火车站等，都指定用正野产品。

正野在伟雄企业家族中占有后发优势，获得长足发展，也得到了上级政府和专业部门的赏识和鼓励。公司先后获得了"中国优秀民营科技企业""中国工程建设协会建材专业委员会换气扇定点生产企业""广东省高新技术企业""广东省民营科技企业""广东省民营企业质量工作先进单位""佛山市守合同重信用单位"等荣誉称号；正野品牌先后被授予"国家免检产品""中国建筑装饰协会换气扇信得过推荐产品""广东省著名商标""广东省名牌产品"等证书。

眼下，正野电器继续以"面向国内做标准，面向世界做品牌"的经营战略为指导，务实创新，乐为世界消费者源源不断地提供最优质的产品，为人类社会创造一个清新美好的生活工作空间，不遗余力。

| 第十四章 |

点石成金的魔力

> 道常无为而无不为。
>
> ——老子

但凡作为有着行业影响力的企业领导者，每次智慧的抉择，都是有可能改变业界历史走向的。

林伟雄就具有这样的魅力。

跟随过林伟雄创业的奚工，曾是松本电工的执行副总，经过一番历练，如今在顺德已拥有自己的公司，成长为顺德众多的企业家之一。他在仙泉接受笔者的采访时，曾用敬佩的口吻评价林伟雄："我老板常常有点石成金的魔力，做平常人做不到的事情，在顺德，大小老板都服他！"

就拿伟雄企业第四个品牌公司威利坚来说，当初只是工厂内部的一个机修车间，没想到几年后，林伟雄竟然把它做成了中国注塑机器制造业的龙头企业，在国内同行业中大放异彩。这不就是典型的点石成金的魔力吗？！

顾地塑胶厂开办后，随着机器设备的不断添置和养护，林伟雄便提早配备了拥有自己技术力量的机器修配车间。说是"修配"，但在开始时林伟雄却"多出一分心思"，他和最初的几名技术员定了一个目标：我们现在是"修配"，日后就是"制造"，以致"创造"，我们要做中国塑胶机械最好的制造商。这在当时的技术员们听来，老板制定这样的目标，兴许也就是说说罢了，大家心里明白，像我们这样的小厂，要想做行业机械设备制造商，简直是异想天开。

没想到，林伟雄真的就朝着这个目标，默默干开了。他高薪聘请上海某机床厂工程师，先是为顾地公司生产研发出塑料挤出机各种管材辅机、异型材辅机等，一举代替了进口的柄件产品。随后，就把"修配"车间注册为容奇挤出机厂，并在原来修配业务的基础上，着力进入了"制造"机械的范畴。工程师们也自觉，学了老板的做事风格，做事多一分心思，在实践中提高，把原来进口的那些外国塑料挤出机拆解开来，反复精心钻研，消化吸收，结合自己的经验摸索，发挥自己的聪明才智，合力攻关，然后大胆模仿、革新、超越，从而很快就成功开发出具有自主专利的塑料挤出全套生产设备，从开始供给自己企业内部使用，到很快推向全国市场。

在企业不断发展的基础上，一方面，出自顾地本企业拓展生产规模、大量使用机械设备的需要；另一方面，眼看塑料行业"淘金"的人越来越多，机械设备需求量越来越大，林伟雄的想法更加大胆：下一步，他们要向"淘金"者"卖水"，专门为塑制品公司提供加工机器，充当一个服务本集团乃至全国行业机械设备的供应商，既方便自己，又为行业做贡献。

也是迎合了天时地利人和，自然天成。这时，在容桂镇成业路 39 号，一家水处理厂公司因涉足多个行业，分散投资，企业资金周转不灵，一时陷入破产边缘，正在找人"搭救"。这个信息被林伟雄得知后，他便决定出手相助，既可以帮助别人，也有利于自己的发展，因为此时"机修车间"的场地太小了，他正在为"容奇挤出机厂"的搬迁筹划新址。这样一来，经过双方一番谈判和协议，林伟雄最终出资并购了这家厂。

这便成了顺德威利坚机械有限公司的发源地。这里离顾地塑料厂只有两三里地，中间隔着 105 省道，同属容桂镇，也便于日后集团公司的管理。

图 14-1　2007 年 11 月 25 日，林伟雄陪同马鞍山市政府领导在伟雄集团考察

1993年，容奇挤出机厂变身为顺德威利坚机械有限公司，并宣布开业。

"威利坚"——这是林伟雄缔造的第三个品牌，其名字也和之前两个品牌一样，寄寓着这位企业家的一番厚望：威者，威信也，有威望和信誉，粤人指"靓""厉害"之意也；利者，义之和也，国之利器，利国利民；坚者，刚也，坚固刚强，粤称之为"好"；即"威利坚"者：又靓又利又好也！

承载着林伟雄美好理想的"威利坚"，果然不负众望，真的是"又靓、又利、又好"——不到半年，出自威利坚品牌的我国第一条自行研发的PVC双管生产线成功面世！此后不久，同样是威利坚品牌的我国第一条PPR双管生产线面世！

林伟雄说："我们生产出来的挤出机，不仅质量好，价格更是低到客户笑，整机价格不到国外机器的1/4，这很符合我的意愿，我们就是要做又靓又平的设备造福大家！"

中国注塑机械设备多年来依靠进口的日子，在林伟雄团队的努力下宣布结束。

这是一首令人振奋的民族志气歌！

这也是让顾地人一直引以为豪的壮举！

如此创举和速度，就连参与协助企业研发的工程师们都为之震惊，他们显然都被"可怕的顺德老板"近乎不讲理的做法和创业的疯狂吓倒了，同时表示佩服。三个月后，在威利坚庆祝第一条生产线被外省企业"抢走"的典礼上，见证全过程的武汉塑料机械厂高级工程师马工,便宣布放弃原国营单位的铁饭碗,毅然加入威利坚创造行列;而上海的某工程师,也随即步马工的后尘,放弃大上海优厚的工作环境和生活条件,乐意到顺德来,协助林老板和他的威利坚事业,一同成长壮大,共同为民族产业的兴起贡献力量!

这无疑取决于企业家林伟雄个人的魅力!

是的,林伟雄在对待科技人员和技术研发方面,历来坚持放心放手,将其当成"宝贝"对待,这在顺德民营企业中是众所周知的。他是当地企业第一个为专家和员工配置专家别墅、专家洋楼、员工套房、专家专车,以及高管编制、吸收股东、高薪待遇、高额奖励等"特殊政策"的创造者、兑现者。他善待人才有句口头禅:"人才是企业的本钱。"没有本钱,就没法立业。所以,凡是跟林伟雄工作过的人,都一致佩服林伟雄的"为人处世",对其表示出深深的敬意。

林伟雄立志要在注塑机械制造业上超越洋人,所以他在威利坚创立之日起,就听从专家的建议,以一个企业家的身份,去承担一个国家行业的责任,以威利坚的名义自费成立研发中心。研发团队紧跟国际技术潮流,大胆创新,潜心研究,很快就研发出挤出机的核心部件——齿轮箱和螺杆,并自行设计和制造,填补了国内本土产品的空白,成为国内具有独立知识产权的塑机生产商。

首创全国电解法加工塑料挤出机筒技术,针对不同的 PVC

制品，设计开发出多种不同结构参数的螺杆和机筒，分别满足 PVC 管材、型材、片材及透明粒料等制品对不同加工工艺的苛求。

以民族品牌"威利坚"为代表的跨世纪型挤出设备——新一代 WL 系列双锥形双螺杆挤出机、GFS63、YF240、GM 等管材、型材辅机及模具，成为我国最新科技与现代加工手段完美结合的产物。

在 1999 年首届中国国际高新技术成果交易会上，威利坚塑料挤出成套设备，作为国内同行中的唯一代表，大放异彩。

威利坚企业以国际品牌标准高度严格要求自己，于 2002 年通过 ISO9001 国际质量体系认证。威利坚公司成为广东同行第一家"国家高新技术企业""中国模具工业协会副会长单位"和"中国塑料管材管件模具重点骨干企业"。

随后，在伟雄集团，威利坚自成一派，属下已拥有四大子公司：顺德威利坚机器有限公司、顺德新松威利坚自动化有限公司、顺德威利坚实业有限公司和湖北鄂丰模具有限公司。

把一个工厂内部的机修车间，做成了今日中国注塑机器制造业的龙头企业，在国内同行中大放异彩，这个林伟雄，是不是中国商界的高手？是不是有迈达斯"点石成金"的魔力？

第十五章

"像做国旗那样做产品"(一)

> 泰山成砥砺,黄河为裳带。
> ——阮籍

2005年4月，林伟雄分明感觉到，今年的夏季来得特别早，清明节刚过，气温就升高了许多。比这天气更炽热的，则是他自己的心情，因为顾地、松本、正野三大品牌产品，越来越受到世界各地商家的关注和青睐。再过几天，沙特阿拉伯（以下简称沙特）AL-MOBTY集团总裁ABDULLAHS先生一行将来到集团访问，并决定进行友好合作。这些天来，林伟雄心里总是感到暖烘烘的，有一股用不完的劲儿，他们正在欣喜而紧张地组织安排接待中东客人的事务。

这是一次惊动国家和地方政府的商务合作，商务部有关方面还特别对接待礼仪做了强调和协助，可见这批中东客人来访的重要性。AL-MOBTY集团是沙特国家建筑与医院建设、铁路永久性基础设施、建设与维护领域公认的领导者，在沙特有多家分公司，在许多国家有分支机构和联络处，长期与中国有业务合作。集团总裁ABDULLAHS是沙特—中国商务理事会主席，一直致力于推动中沙经济贸易的交流，同时也是沙特商工总会原主席,现董事会成员,在沙特及中东地区拥有强大的渠道资源整合能力。作为处于广东一隅的伟雄集团,有幸被如此庞大和有影响力的 AL-MOBTY 集团看中,林伟雄自然感到激动和自豪!

图 15-1　林伟雄与沙特阿拉伯 AL-MOBTY 集团总裁 ABDULLAHS 先生合影(由 ABDULLAHS 总裁提供)

其实此前,沙特方面已在世界各国做了长时间、全面的产品比较,最后,他们把挑剔的目光停留在中国广东伟雄集团,停留在顾地等"用过很 OK"的产品上,终于,他们服了。所以,尽管这是一个深藏在中国乡间的草根平民企业,但他们也愿意跋山涉水,诚心诚意专门前来洽谈。

是的,这个沙特建筑、基建巨人,看中的正是伟雄集团以顾地品牌为代表的产品质量,关键就在于质量!

第十五章 "像做国旗那样做产品"（一）

这只是伟雄集团一次出色的"以质量为王"的个案，其实，这样的个案，一直是他们每日都在应对的最普通、最平常的事情。

可见，顾地、松本、正野这三大品牌被列为"中国驰名商标""中国名牌""中国免检产品"等，并不是浪得虚名。

这都取决于林伟雄持之以恒地做好产品，执着和苛刻的质量意识。

顾地老员工们一直记得这么一个细节：最早在工厂试产那些天，林老板几乎每日都守在厂里，他不停地取出那些"最靓"的塑胶产品，摆到工厂门口，亲自用铁锤一遍遍狠力敲砸、用汽油点火烧，用"最土"的办法检测来检测去，直到确实挑不出什么毛病为止。有一天，他叫来办公室主任，让他用一块三合板在上面写下一行红漆大字：质量是做出来的，不是检出来的。接着，就把这块牌子高高挂到车间的墙壁上，一直到拆这间"蚕茧"厂房时才拿下来。

日后，林伟雄一直秉持旧时工匠对产品精心"打磨""慢工出细活"的苛求精神，长期向员工们灌输自己对产品质量的一种独有文化，并慢慢形成了伟雄集团的"产品品牌观"。林伟雄介绍说，自己要求员工重视品牌和质量的时候，向来不讲什么大道理，也不喜欢三令五申，他只爱对员工们轻轻说出那句话："产品是有尊严的，请大家像做我们的国旗那样做产品。"

看似言轻辞微，其实，是意重千钧啊！

15-2　2011年9月21日，林伟雄（右一）在红色文化传承素质教育研讨会上

"像做我们的国旗那样做产品！"一个产品，等同于一面国旗！国旗是什么，是一个国家的标志性旗帜，是一个国家的象征。国人对待国旗充满的是热爱、呵护、尊重和敬畏！

"像做我们的国旗那样做产品！"这就表明，要用绝对端正和清净的心志、绝对严肃和膜拜的态度，善待自己的职业！

对，在林伟雄这里，从事的已不是一份职业，而是一项伟大的事业，是一项至高无上的事业！

我们现在应该明白，林老板对待产品是怎样的煞费苦心了吧？

"好好花心思做，我们老板把产品当人品，把质量当命根啊!"对于那些新上岗的员工,这是老员工们最爱叮嘱的一句话。

依靠品质、品质,还是品质,顾地上马第二年,就拿到了广东省科委颁发的"广东省科技成果奖",接着是广东省经委颁发的"广东省优秀新产品奖",还有中国建筑业协会、化学建材用户委员会颁发的"用户信得过产品证书",佛山市工商局授予的"重合同,守信用"企业称号,广东省技术监督局、广东省工商联授予的"广东省民营企业质量工作先进单位"称号等。

当时,顾地独闯塑胶行业,他们创造出来的产品,是填补国内行业空白的产品,在中国是第一个,而国家对这些产品还没法制定出什么相应的质量标准体系,乃至几年后国家行业制定相关标准时,还要邀请顾地公司负责起草,也就是代表行业制定标准。

人们便诧异了:这个没有高学历,也没有国际管理经验的平民林伟雄,在那么早的时候,是怎么想到要执行国际质量标准的呢?

第十六章

"像做国旗那样做产品"（二）

> 我有利，客无利，则客不存；我利大，客利小，则客不久；客有利，我无利，皮之不存，毛将安附？客我利相当，则客久存，我则久利！然双赢！
>
> ——墨子《商之道》

1995年夏，加完班后，林伟雄带上顾地尤工几个人，一起在德胜河边的大排档吃夜宵。当尤工正剥着红壳河蟹时，突然想起"敢做第一个吃螃蟹的人"的故事，觉得有件事要回话给老板，就汇报说："老板，你交代的，我问过了，国家对我们这类产品，还没有一个质量标准，但国际方面就有，叫作ISO9000认证，只是这个认证才进入我国不久，很多国企大厂还不敢碰。不过要是达到了标准，有那个认证，产品就可以卖到国外去，就全世界畅通无阻了。"

林伟雄听了，觉得新鲜，自信也跟了上来，便兴奋地说："那好啊，若是我们通过国际标准，就证明产品质量通过世界大关了，人家就认可啦！"于是马上对尤工正色道："好，明天开始，你就给我跟进这件事！"

顾地做了16年产品之后，林伟雄终于找到了为自己企业和产品"约束"的重要铁律——实施ISO9002：1994国际质量体系认证！

"呵呵，做一条塑管，也要国际认证？"

"货好卖就行了吧，还搞什么花样？"

……

一时间，企业内部不理解，行业里别的企业也冷嘲热讽。

所谓"ISO9000国际质量体系认证"，这对1995年的国人来说，尚是一个十分陌生和神秘的字眼。当时报载：ISO9002：1994国际质量体系认证，在世界其他国家推行还不到一年，国内众多的国有企业，敢于实施这个标准认证的也为数不多，而在广东省的民营企业中，尚没有哪家敢于涉足。顾地这么一个乡间草根企业，这么早就去凑热闹"自讨苦吃"，是不知天高地厚还是"狂妄自大"？

其实，林伟雄很清醒，因为他知道，全国塑胶行业尚没有哪家敢走出这一步，而顾地也是别人瞧不起的乡间民营企业，他觉得只有这样做才更有迫切性和价值意义。

"对呀，做一条塑管，也要国际认证，我们顾地靠质量吃饭，就得走国际路子！"林伟雄在管理层的动员大会上，字字千钧地告诫大家，要通过国际质量管理标准，来完善企业的全部运作。还是那句话，"像做国旗那样做产品"，就是要我们用严肃、认真、敬畏的态度，恭恭敬敬地对待自己的产品，就是要让自己"戴着脚镣"跳舞，从而以郑重而完美的形象展示在国际竞合的舞台上。

于是，力排众议，咬定青山。

林伟雄亲自担任 ISO9002 认证组长，成立了办公室，仅是编撰文件蓝本就有 4 万多字，再逐条修订和充实以往的《质量手册》。连续四期"标准宣贯班"，既"响雷"又"下雨"，把质检员、班组长、采购员和技术人员等作为"旗令兵"，将系列认证从外壳到内核全部"曝晒"在阳光之下，让企业全员统一认识、统一行动。每月内部质量审核一轮，责任到岗到人，体察丝丝入扣，让质量管理之剑高悬在每个成员头顶之上，使之成为人人自觉自律自检自善的"国际化准则"。

经过半年脱胎换骨的"塑铸"和"挤出"，顾地公司的全面质量管理与技术创新能力空前强化，员工的素质进一步提高，每项作业有了精确的依据，产品质量更上一层楼。此外，公司的组织机构、资源配置更趋合理，在原来五大部门的基础上，增设和独立出一个技术咨询部和质量部，显示出对技术和产品质量的高度重视，体现了视质量为生命的企业发展宗旨，以确保产品在开发、设计、采购、生产、检验、试验以及交付整个过程，均能有效地实施质量控制，为产品保质保量开辟了一条绿色通道。

1996 年 2 月，经德国 RWIUV 认证中心派员全面验收审定，顾地公司全面通过了 ISO9002 国际质量管理认证标准；同年，经广东质量体系认证中心批准，获得信用企业 A 级证书。

没错，林伟雄高兴地发现，实施 ISO9002 认证之后的顾地，更加强身壮体、孔武有力，其一举手、一投足，都比原来更加富有风采和魅力，以前存在的某些瑕疵诟病，也随之消失殆尽，管理起来更加得心应手，顺风顺水，公司面貌焕然一新。

林伟雄比谁都明白：这都是来自"质优"的力量，这都是"规范"带来的甜头！

进入21世纪，顾地产品始终坚持以"质优"和"创新"来领衔中国行业市场，尤其是在市政管道领域，把服务好关乎千家万户用水排水问题的公共设施作为己任，2000年创造出达到国际标准的绿色环保UPVC给排水管，还首创直径2米以上的中国排水管"巨无霸"，产品有着抗菌、防霉、耐酸碱、抗老化等优异性能，寿命高达50年以上，成为国内市政管道的领导品牌。

面对产品质量的苛求，伟雄集团的员工一直是自觉和警醒的，他们时刻记得林老板的那句"口头禅"："像做我们的国旗那样做产品。"2002年，看到欧美国家大多已普及直饮水工程，他们立即涉足该领域，专心致志，慎终如始，终于研发出具有无毒、卫生、耐热保温、安装方便可靠、管道连接一体化等优点的PP-R抗菌防霉管材，又一次填补了国内行业空白。

曾参与此项研究开发的顾地生产部经理杨红钧，在回忆起当年开发产品的过程时感慨道："顾地每一个产品的推出，都是一大批技术人员精益求精的结果，每个环节都是一丝不苟的，产品质量保证也是最过硬的。"他说从项目提出开始，我们所有参与人员每天都是从早上工作到夜里一两点，十几个小时中，从论证分析到产品试验再到检测结果，如此循环往复，一方面是保证产品质量达到最高的要求，另一方面要考虑如何将产品成本降至最低，所以其中的艰苦难以言说，但这也是顾地每一项技术研发的基本程序。"顾地每一个新产品、新技术的推出，都必然经历这么一个过程。然而，当一个节能环保材料研制出来，看到它带来的巨大的社会效益和经济效益时，便觉得再辛苦也是值得的，顾地员工都有这么一种使命感和荣誉感。"

杨红钧对顾地品牌质量管理十分认同，他介绍说："顾地品牌的缔造者是实干家，做人实在，做事求稳，从创立顾地开始就建立一种平淡管理的观念，使顾地上上下下都步调一致：就是切忌浮躁。大家以一颗平常心看待行业的竞争，看待企业的生存和发展，既尊重大自然的自有规律，不做拔苗助长的蠢事，又全身心投入，精心养地，质优致远。"另一位顾地工程师郑志强则补充说："在别人只想着增加产量多赚钱的时候，我们注意了质量，所以我们活了下来，活得长久。"

由于对产品质量的执着追求和努力，顾地揽获了业界无数的肯定和荣耀：第一批获得中国质量信用评价中心颁发的AAA+级中国质量信用企业证书；最早获得"广东省质量管理先进企业"称号；接连获得"中国优秀绿色环保产品""国家免检产品""中国名牌产品""中国驰名商标"等荣誉。

"一流的企业做标准"，林伟雄对此有着深刻的理解。顾地的产品一直采用国家标准和企业内部控制标准，经国家质检总局备案的企业标准，如落锤冲击、密度等指标要求都高于相应的国家或行业标准。也因为自己是行业标准制定单位，所以对本体企业更加高标准要求吧。作为中国塑料制品标准化技术委员会的核心会员，顾地最早赞助并多次参与了多项国家行业标准的制定和修订工作，为我国塑料管道系统国家标准化工作做出了率先垂范的贡献。

踏踏实实的努力，为顾地赢得了口碑，也造就了一支高效、勤奋、开拓、创新、重质量、讲信誉的高素质队伍。现在，国内许多后期成长起来的塑胶企业中发挥骨干力量的中坚分子，很大一部分都是顾地最初培养起来的，无怪乎有人将顾地称为中国塑胶行业的"黄埔军校"。

"像做我们的国旗那样做产品"，已成为顾地人的一种精神信仰、一种行动自觉。多年以来，他们始终坚持以质量创新为动力，积极依托国内众多的高校院所，在广东、湖北、重庆等地都建立了质量研发中心、省级技术研究中心，不断吸收国内外最新质量成果和技术成果，进行大胆创新，提高产品性价比，并注重开发具有世界前沿性的绿色环保产品。顾地产品品牌越来越响，同时也赢得了海外市场的追捧，受到包括沙特AL-MOBTY集团等众多国外高端客户的青睐，便是顺理成章的事情了。

第十七章

稳坐华南，逐鹿全国（一）

> 骐骥一跃，不能十步；驽马十驾，功在不舍；
> 锲而舍之，朽木不折；锲而不舍，金石可镂。
>
> ——荀子

应该说，20世纪90年代，是伟雄集团奠定大规模发展格局的重要时期。

这当然取决于掌舵人林伟雄的苦心孤诣经营。他是个有着大志向、大情怀的人，一向自信、自强的性格，让他做事情往往"不按常理出牌"，喜欢剑走偏锋，也使得他经营企业的警觉和胆识总与一般企业家有着"本质"的区别，从而也造就出其不同的独特格局。正所谓心智大，则格局大也。

进入1996年，在建筑终端产品行业行走了18个春秋，林伟雄已精心培育出顾地塑胶、松本电工、正野电器、威利坚机器四大产业巨子，拥有"五子登科"（五大产品品牌），但他始终没有因眼前一片兴盛的"大摊子"而感到沾沾自喜。面对国内外日趋激烈的市场竞争，面对各个公司抵御风险能力的挑战，这个"大当家"已明显感觉到，原有分散的、单个公司的有限经营，已与社会化大生产规模经营产生了诸多的掣肘，而自己一人兼任所有公司要职的扁平管理，也让人感到吃力和不济，规范企业管理已刻不容缓。他多年来一直潜心地不断拓展新领域，组建新公司，扩张生产组织，积攒群体力量，本来就是一心想建立起一个属于自己的企业王国，包括产品品牌王国和企业品牌王国，而现在，这些条件早已具备，正等待他妙手整合——建立一个规模化、现代化的伟雄事业王国。现在是时候了，该出手了！

水到渠成，呼之欲出。

1997年元旦后第一天上午，抖落风雨见彩虹，神采奕奕的林伟雄身穿一套灰色细纹西装，戴着酒红色圆点领带，满面春风地站立在环塘街8号大门的台阶上，高声地向集合在广场上的员工们宣布：

"广东伟雄集团有限公司今日成立！"

这是一个以创始人林伟雄名字命名的集团，人们留意到，在顺德数以万计的企业中，以自己名字作为企业名号的，可是屈指可数。顺德人大多内敛、低调，不爱露富，少说多做，林氏的这种做法是否过于张扬？其实不然，林氏的低调是出了名的，多年来他一味埋头做企业，从不接受记者采访，也不向外界做报告，平日需要集团董事长出席有关场合或讲话，他都是分派相关人员代之。但是，他低调却不低志，初心如炬，志存高远，正如他成人后将自己名字阿珠改为伟雄一样，他追求伟大、伟业，崇尚雄壮、英雄，虽说名字只是一个符号，但却寄寓着本人的大志深意。后来林伟雄对此的解释也简单直接：我就是想日后的事业伟大、雄壮，造福于民，我敢用自己名字做企业，也想表明我行不更名、坐不改姓，诚实去做人做事。

仅从这点来说，林伟雄就值得我们信任和尊重。

可以肯定，带着伟雄意愿和名字的集团，在顺德这片创业沃土上诞生，既是历史的必然，更是时代的见证。

用了18年时光和心血，手握八个子公司，才聚集成一个林氏企业大家族，相比那些两三个小公司就组建集团的做法，我们也无从评说孰好孰差。但你得佩服林伟雄，他是这个企业的主宰，他当然明白该怎样做。像别的家族企业一样，林伟雄担任了集团董事长，妻子邱丽娟担任总经理，原有的顾地、松本等八个子公司，归入母公司伟雄集团管理。也就意味着，从此刻起，一个从顾地村萌芽，从顾地塑胶单一做起的小工厂，正式迈向现代化企业经营管理时代。

风正一帆悬，船大好远航。

新生的伟雄集团，生机勃勃，风华正茂，正裹挟着建筑终端产品航母的强大优势，长风破浪，直济沧海，向理想的彼岸驶去。

乘着顾地塑胶产品风靡全国之东风，林伟雄随即突进异乡高明，从建立顾地规模经济入手，杀出属于自己的另一条血路，让许多跟风者一下子就死在"成本与价格"的半路上，而顾地产品"又平又靓+量化生产"，日后一直无人能与之比肩，始终保持蒸蒸日上之势。现在，凭借新兴起的集团军力量，更加激发了林伟雄将顾地继续扩张和做大的雄心，于是，他又一次做出了与众不同的举措——不只是走出顺德，而且要走出广东，走向全国，决胜千里！

相比顺德其他老板，林伟雄又大胆地喝了一次"头啖汤"！

首先打响的是开发西部战役。林伟雄要将顾地势力范围从"产地销"向"销地产"转变，快速占领西部市场高地。无疑，他的这一决策与国家改革开放宏大战略不谋而合，足见林伟雄志存高远，战略上高屋建瓴！

1996年仲秋，林伟雄热情如火，带领着顾地出征战队，意气风发地把战斗的旗帜插向山城重庆。为抢时间，他们一边在市区租用重庆雨花制伞厂投入生产，一边在青杠经济开发区斥资5000万元，兴建起一座顾地工业园。园区占地60余亩，建筑面积20000余平方米，面临白云湖畔，背靠梅江之侧，以生态共享的优美环境，创造优秀的环保产品。

很快，顾地虎踞龙盘西部，覆盖西部的理想便化为现实。饥渴的西部市场，视顾地品牌一如甘霖，获得无数青睐，那些当地最具代表性的建筑和工程，纷纷指定使用顾地品牌，如重庆地王广场、锦绣山庄、鹅公岩长江大桥、陕西省政府办公楼（改造工程）、西安中大国际大厦、陕西省公路交通大厦、成都新时代广场、兰州市国际博览中心、乌鲁木齐国际会展中心等。

潮平两岸阔，一路风尘一路歌。

然而，战斗正未有穷期。

图 17-1　2007 年 11 月 7 日，林伟雄陪同璧山区考察团考察伟雄集团

伟雄人没有满足、没有停歇，在不断巩固原有阵地的同时，林伟雄又带领大伙一鼓作气，开始转战另一个新的战场——华中市场——"中国中部最佳投资城市"鄂州，继续拓展自己的版图。在 1999 年初秋的阳光下，占地近 33 公顷的湖北顾地生产基地，轰轰烈烈破土动工！

林伟雄这样回忆"走出广东，布局全国"的第二步——挥师湖北鄂州：

20 世纪 90 年代后期，大家开始对建筑材料看重绿色、节能、环保，也推动了中国建筑材料不断创新的潮流。这样，生产"环保、节能建材"产品,自然成为我们顾地产品研发的重中之重,所幸的是,我们早在七八年前就带头朝这个方向努力了。顾地曾多次参加国家行业标准的制定和评审,先后有数十项专利技术填补国内空白,不仅有力地"推动中国以塑代钢的潮流",同时凭借强大的科研开发实力,结合国内塑胶市场和国际塑胶发展趋势,通过长期与国内外著名院校和科研单位的技术合作,不断开发出引领行业尖端的、符合节能环保的产品。

只不过,随着市场的发展变化,顾地同样也面临着前所未有的挑战。我和我的同事心里都清楚,要在国内做到塑胶建材行业NO.1,必须在确保按照国际质量标准生产具有民族特色产品的同时,更要规模化地发展壮大自己,把顾地现有生产基地拓展到销售地去,最大限度地占领广大市场,走产业扩张之路。

其实连续多年,我们顾地产品都是畅销全国的,这也让我们有了要赶快做大的迫切设想,我们在顺德、高明建立了两大生产基地之后,觉得潜力还相当大,仍然有力未使出,所以就开始考虑再往外面走,这次甚至要走出广东。我们知道,我国西部地区使用这方面产品会滞后一点,就想到从"产地销"向"销地产"转变,这就有了随后建设重庆顾地生产基地的行动,开始大规模占领了西南塑胶市场。事后证明,这一做法效果相当好。

我们尝到了走出广东、走规模化道路的甜头之后,就有了进一步做大的愿望,之后,便拓展了后面的第三、第四个产业基地,这就说到布局湖北鄂州的顾地项目。

第十七章 稳坐华南，逐鹿全国（一）

那是1999年，我到鄂州鄂丰集团定做顾地生产模具，老总张振国当晚请我吃饭，还请来陈副市长和政协领导出面陪同，场面很隆重。吃饭的时候，陈副市长热情主动，向我发出邀请，要求我与张振国合作，把我们广东的好经验引过来，说鄂丰集团做模具做得好，大家合作可以双赢。我说在商言商吧，要我加盟投资，除非把鄂丰集团改制成张振国的民营企业，那才算是对等合作，因为鄂丰原是国有企业。另外，我还主张把厂子搬出去，买地另建新基地。没想到，当地领导从头到尾都很重视，我开出的条件他们一一答应解决，鄂丰集团就成了当地第一家改制的国有企业。后来这个做法在湖北省得到推广，有个很好推动，也算是做了件好事吧。政府把工厂设备折价为700万元，卖给了张总，我出资2000多万元，我们双方股份分别是30∶70，张总是用机器设备折的价入股的，而我是用真金白银出资的，为了保证对方利益，我还主张在协议书上写明，若是项目亏了，由我负责赔偿，让他们放心。这样，我们就拥有了这300亩鄂州顾地塑胶工业园，完成了第二轮走出广东的布局。当然，后来结果很好，连年都盈利，我们把顺德这边的成功经验复制过去，加上顾地这个响当当的品牌，湖北顾地科技股份有限公司后来成了我们占领华中、华东，甚至华北市场最大的航母，以致日后成了鄂州市企业效益最好的单位，甚至代表湖北省企业在国内主板上市，这便是我们"走出广东，决胜千里"的最好回报。

中国西部和中部两大顾地生产基地，遥相呼应，一个成为中国西部最大的塑胶产业王国；一个成为推动华中、华北地区建筑住宅环保、节能潮流的产业巨舰，风头一时无两！

为此，2001年2月7日，中国质量新闻网以欣喜的口吻，做了一次概括性的报道：

1999年，一直走在科技前沿的顾地塑胶和松本电工双双荣获广东省首批"民营科技企业"称号，属下顾地塑钢门窗有限公司投资数千万元人民币，从德国、奥地利引进莱梅特混料机组、克拉斯玛菲C4系统控制、叶鲁四角焊机莱钨连接塑料门窗生产线等先进设备，当年首批产品推向市场。这在国内建材界引进轰动，被业内人士称为"塑钢旋风"。正野电器的"世纪风"促销行动也在神州大地激起千层浪，其一流的品质，使其在同行业中率先通过ISO9001国际质量体系认证，获得了"全免检出口产品"证书，先后通过加拿大CSA认证、美国UL认证，并率先向消费者做出"一年保用，十年保换"的承诺，从而一举奠定了它在中国市场1/3强的占有率地位。

同年，随着国家对民企所进入领域限制的逐渐放宽，伟雄集团凭借自身的实力，携带属下五大知名品牌，联袂参加在深圳召开的首届国际高新技术成果交易会，标志着伟雄集团属下各知名品牌开始与国际品牌并驾齐驱。

2000年是伟雄集团承前启后、巩固战果、稳步发展的一年。

随着重庆、湖北两大基地正式建成投产，顾地由原来的三家公司变为五家。顾地塑钢门窗根据业务的发展和型材生产线投产的需要，在国内行业里首先出台了标准窗型规范报价书。

松本电工也获得了阶段性的飞速发展，其产业结构已调整完毕，目前形成"松本电工""松本照明""松本板业""松本智能"四大品牌、多种产品系列的建筑产业结构。

"松本电工""顾地塑胶""正野电器"相继获得"广东省著名商标"称号，伟雄集团成为国内唯一一家年内获得三个省级著名商标的民营企业。

第十八章

稳坐华南，逐鹿全国（二）

> 世未有不自下而能高，不自近而能远者。
> ——苏辙

新世纪，新宏图，新发展，新跨越。

我们欣喜地看到，在 21 世纪的朝阳下，林伟雄开创的事业，迎来了林氏家族朝气蓬勃的新一代，他的四个喝过"洋墨水"的孩子先后回国，以"西学东用"的雄心和姿态，前来迎接新时代、新势力的挑战，携手在这片古老而现代的商海中接力搏击。这无疑让人对伟雄事业更加充满激情和期待。

接下来，伟雄集团旗下的顾地版图，在林氏新老力量的推动下，仍然在不断拓展、扩大，其势之猛，其力之劲，如火如荼。

2002 年元宵节刚过，迎着新年的气息，在北京通州区梨园顾地工业园，顾地舰队的第四艘巨舰鸣笛起航——北京顾地塑胶生产基地在阵阵锣鼓喧天和鞭炮声中隆重奠基。第一期占地面积 60 亩，厂房建筑面积 8900 平方米，拥有现代化生产线 23 条和数十台注塑挤出机，年生产能力达 80000 吨。

2009 年，在华东地区，皖江城市带承接产业转移示范区门

图 18-1　顾地塑胶西北生产基地——甘肃顾地塑胶工业园开工典礼

图 18-2　2011年12月19日，林伟雄陪同湖南省永顺县考察团考察伟雄集团

户的马鞍山，顾地舰队的第五艘巨舰鸣笛起航——马鞍山顾地塑胶生产基地在花山区银杏大道展开蓝图。占地 245 亩，总建筑面积 18 万平方米，投资 2.6 亿元，年产值达 15 亿元。

次年，也就是 2010 年 3 月 18 日，顾地舰队的第六艘巨舰宣告诞生——邯郸顾地塑胶基地开工仪式在冀南新区马头生态工业园盛大举行。邯郸顾地占地 280 亩，紧邻邯郸机场、京港澳高速，具有国道交会等交通优势，辐射华东广大地区。

同年同一个时段，即邯郸顾地基地开工次日，远在西北的甘肃临洮，顾地舰队的第七艘巨舰——甘肃顾地塑胶生产基地拔地而起。占地 428 亩，拥有先进的数控生产线 38 条，成为西北地区首家日产 20 万米高速产能的生产基地。

时隔一个多月，即 2010 年 5 月 9 日，在北接齐鲁、南襟江淮的"豫东门户"商丘，顾地舰队的第八艘巨舰同时起航——河南顾地塑胶生产基地奠基开工仪式盛大举行。基地位于商丘市东郊郑平路经济开发区内，首期占地面积 164 亩，投资 3 亿元，年生产力 50000 吨，年产值近 7 亿元。

这情形，这优势，正如宋代朱熹在活水亭观书之感：

昨夜江边春水生，艨艟巨舰一毛轻。

向来枉费推移力，此日中流自在行。

也就是说，21 世纪的前 10 年，借助时代和伟雄企业第二代生力军的春水猛涨，顾地塑胶的"艨艟巨舰"在一江中流里自在航行，其以强大的扩张力量，几年内同时衍生出五个新顾地，拥有标准化厂房总面积近60万平方米,国际先进自动化生产线200多条,数码注塑机2000多台,员工逾4000人。

图18-3 2011年12月19日,林伟雄陪同湖南省永顺县考察团考察伟雄集团

合力走好一盘棋,伟雄集团高层出于对每个时间节点的考虑和布局,顾地的八大生产基地无一例外地选择了新建的形式,而每一个基地的用地面积都保持在100亩以上,从而确保其规模化生产基地的优势。全国东、南、西、北、中全方位铺开,巧妙地在每个销售半径覆盖的范围内完成布点,又使之均衡相邻,彼此呼应,尽善尽美。所有这些,无不体现出伟雄集团战略部署的高屋建瓴。

如果说,经营模式的突破,为伟雄集团的发展带来了长远搏击的变化,那么,营销体系的改革创新,则为集团带来了实实在在的利好效益。从 2004 年开始，集团开始实施新的营销体系，2005 年整个集团的销售总额比 2004 年增长了 35%。仅是顾地品牌，其营销平台实施这一模式后，便实现了销售额增长 15%、市场占有率增长 20%~30% 的目标。顾地相继在全国建立 2000 多个产品经销点，整体布局，点面结合，从而提升了对连锁经营的指导、服务、协调和监督，顾地的营销网络已延伸到镇级区域，同时，顾地产品一直是中亚、东南亚、非洲等国家和地区的畅销产品。

2006 年 9 月，广东顾地产品荣获"中国名牌产品"称号；同期，重庆顾地的"顾地"牌塑料管材、管件也被评为"中国名牌产品"，而两地同一品牌同时获得国家名牌产品殊荣，这是塑胶行业的唯一。

顾地塑胶，成长为国内最具规模和影响力的塑胶建材制造商；成为全国塑料制品标准化技术委员会塑料管材、管件及阀门分技术委员会的核心成员单位；成为中国塑料加工协会副理事长单位、中国塑协管道专委会副秘书长单位等，被行业同仁拥戴为"带头大哥"。

如此的速度和力量，如此气势如虹，顾地以其强劲的形象告诉人们：

中国塑胶舍我其谁！

中国塑胶还是顾地时代！

顾地的迅速崛起，已成为一个现象，引起了顺德和湖北两地有关领导和专家的共同关注。2008年4月22~25日，顺德区委统战部、区工商联（总商会）组织了30多位企业家前往华中科技大学研修"决策管理"，同时到湖北顾地进行研讨。目的是让更多的企业家走出顺德看顺德，借鉴中部崛起的经验，寻找促进民营企业科学发展的新路子。林伟雄和怡高投资董事长陈继业等知名企业家与十几位顺德新生代企业家成为"同学"，这期间，他们参观了伟雄集团的湖北顾地塑胶公司。林伟雄向同学们回顾了自己在鄂州投资办厂的创业历程与心得；湖北顾地总经理张振国也表达了自己与林伟雄"拍档"的感受和谢意，二者通力合作讲述做人做企业的道理，给同学中的顺德新生代企业家带来了多层面的启迪，大家都以自己作为一个顺德人而自豪。

　　看着顾地家族日益兴旺发达，作为"族长"的林伟雄自然比谁都满心欢喜。近年来，他更是"多一分心思"，一边在精心培育顾地产业快速成长，一边在着手建构顾地资本市场平台，执意要把顾地公司推向主板市场上市。他明白，那些世界知名大企业，几乎都是通过上市融资进行资本运作，实现规模裂变，从而迅速跨入大型企业行列。现在，伟雄集团已有"五子登科"——五大品牌，他要将其中的优秀之"子"推向世界，最终他决定选择了"长子"顾地，这个融入他最多心血且最有出息的"大牌子"。他将通过顾地上市，广泛吸纳社会资金，迅速扩大企业规模，增强竞争力，提升企业知名度，与社会大众同享企业成果,更进一步利用资本市场把企业集团做优做强。

从 2003 年起,林伟雄就开始着力筹备顾地主板上市,各项相应条件已具备,本该 2006 年与顺德德美化工一起上市的,但因为未能及时向证监会递交相关资料,错失了上市机会。之后经过一番努力,2010 年秋,配合整体改制的顾地科技股份有限公司在湖北鄂州宣告成立,这预示着,林伟雄心中的宏愿已初现曙光,上市指日可待。

几经考验,多番雕琢,终成大器。2012 年 8 月 16 日,注定是伟雄人永远铭记的一个大喜日子:在深圳证券交易大厅,伴随着阵阵悦耳的钟声,顾地科技股份有限公司宣布成功挂牌上市,正式挺进中国资本市场。令人惊喜的是:首个交易日,公司股价开盘一路上扬,午后即迎来涨停。《佛山日报》次日报道:"作为 A 股新丁,在当前弱市之下,昨日顾地科技的亮相十分抢眼。昨天,顾地科技开盘就上演了开门红。随后,虽因换手率达 50% 停牌一小时,且复牌后又因成交价较开盘价上涨 10% 停牌一小时。但午后顾地科技继续上扬,最终收盘价 19.30 元,涨幅为 48.46%。

仅走过三个春秋的顾地科技股份有限公司,已成长为销售收入超过 13 亿元,利税达 1.9 亿元的上市公司,一飞冲天!

这也是全国塑料、型材行业第一家在国内主板市场申请上市的企业!

《佛山日报》以惊喜的口吻披露:"A 股中小板新增了一家

叫顾地科技的湖北上市公司。实际上,这家上市公司最大的老板是来自佛山顺德容桂的林氏家族,其在佛山拥有多家企业。"

"'这是容桂人林伟雄和他老婆、孩子控股的公司'。一位熟悉顾地科技的人士向记者透露。招股书显示,包括林伟雄、邱丽娟、林超群、林超明、林昌华和林昌盛组成的林氏家族间接持有顾地科技41.07%的股权。""不仅大老板是佛山顺德人,实际上,顾地科技的不少子公司均在佛山。如其全资控股的佛山顾地、顾地贸易,注册地均在高明。目前,顾地科技主要从事塑料管道的研发、生产和销售。2011年,公司实现营业收入13.83亿元,净利润10153.58万元。记者从证监会获悉,此次顾地科技上市共发行3600万股,发行价格13.00元/股,共募集资金4.68亿元。"

顺德区区长黄喜忠对此表示祝贺,在接受记者采访时高兴地说:"今年顺德企业迎来上市井喷期,不仅本地企业争相上市,部分本地大型企业在顺德以外的子公司也纷纷涉足资本市场,这无疑证明了顺德企业的实力。"

林伟雄和他的伟雄企业,不仅造福家乡顺德一方,而且全力履行一个民族企业的责任和使命,走出顺德,布局全国,甚至在外省实现上市,造福整个民族,这样的企业家和企业,实在值得人们敬佩和尊重。

第十九章

磨剑经年,大器见伟雄(一)

> 泰山不让土壤,故能成其大;河海不择细流,
> 故能就其深;王者不却众庶,故能明其德。
>
> ——李斯

磨剑经年，大器见伟雄。

20世纪90年代末期，走过了20载春秋的伟雄集团，如同一位拳击好手，在建筑终端产品角斗场上，左手专业化，右手多元化，见招出招，无往不胜，打出了凛凛威风，打出了赫赫声誉，打出了一个属于自己独有的产业王国！

没错，习惯"多一分心思"的林伟雄，还是按照他做事的秉性，"吃着碗里的，看着盘里的，想着锅里的"，就是不服气，就是要多赚钱，一种万变不离其宗的积极逐利的商业精神，矢志不渝。这时已经50多岁的林伟雄，明显感到身体健康已大不如前，但他从没想过要收拢一下产业，或放慢一下步子，让自己轻松喘息一下，那不是林伟雄的性格。他始终是每天夜里12点后上床睡觉，早上6点准时起床，在仙泉饮完早茶，7点半就开着车来到环塘路8号，或巡视一圈，或坐到办公室里开始打电话。

● 中国建筑终端产品之王林伟雄

图 19-1　松本电工电器有限公司总部

图 19-2　松本智能有限公司总部

第十九章 磨剑经年，大器见伟雄（一）

伟雄集团的四大品牌之师，正如布防在建筑终端王国中的四大"野战军"，各自扩张，培植实力，自成体系，各显精彩。在顾地品牌红遍大江南北之时，同为"五子登科"的松本、正野、威利坚、得亿弟兄们，同样在林伟雄的悉心打造下，野蛮任性却自信从容地成长。

作为伟雄集团军旗下的第二品牌之师——松本电工，在林伟雄构建的建筑终端产业帝国中，敢于独闯禁区，超越潮流，首开行业产品"智能化"先河，勇当第一个"吃螃蟹"者，大力组建新战队，加速扩军增兵，全面提升产业竞争力。

1998年，松本系第二大阵营——深圳市松本先天下科技发展有限公司（惯称"松本智能"）应运而生。这是林伟雄用范仲淹"先天下之忧而忧，后天下之乐而乐"之意为新公司起的一个名字，也体现了其一生的济世情怀和乐观精神。"松本智能"以高端智能介入家居生活、造福民众为己任，是集研发、生产、销售于一体的高科技企业，主要产品包括：家居智能控制系统、TCP/IP全数字对讲系统、防盗报警系统、网络监控系统等系列数字安防产品。

这时，国内建筑、安防智能领域尚是一块处女地，"松本智能"的诞生，犹如投石搅动了一湖春水，引起了人们对时尚热切关注和分享的欲望，市场一片向好，同时更是获得行业的全力肯定和推广。由于产品销路相当好，最早的经销商要拿现金才能订到货，排期至少要等一个月。

■ 中国建筑终端产品之王林伟雄

  1999年,"松本智能"就荣获中国建设部、科技部、中国科学院颁发的"优秀住宅产品奖"。2001年被建设部评选为"全国住宅小区与智能建筑推荐产品"。2003年独家协办了全国第九届安防博览会期间的"安防企业家圆桌会议",成为《安防宣言》的发起人和起草人。2004年荣获推动中国建筑智能化进程的"十大风云企业"奖以及"中国安防最具有成长性企业"奖。2005年荣获"中国十大智能家居品牌奖"。2006年荣获"安防知名品牌"奖。2009年荣获中国智能建筑"十大楼宇对讲"和"十大家居智能"优秀品牌称号;取得了公安部和信息产业部颁发的入网证书、生产许可证和安防产品3C认证;成为中国安防知名品牌、中国安防诚信联盟企业、中国建筑智能专业委员会常务委员单位。2009年8月6日,松本先天下科技发展有限公司联合山东建筑大学,共建"机器视觉实验室"及"松本智能产品山东省演示中心",山东建筑大学校长王崇杰高度评价了合作的重要意义,认为双方共同搭建了一个合作交流的平台,发挥各自的优势,走"产、学、研"相结合道路,互惠互利,共同发展,实现双赢。伟雄集团总裁助理杨刚也在致辞中表示:这是伟雄企业第一个与院校合作的产学研项目,意义深远,他们将以此为契机,同山东建筑大学开展多方位的产学研合作,共谋发展,为推动中国建筑智能化行业的发展做出积极的贡献。

  紧步"松本智能"后尘,2001年,松本系第三大阵营——

广东开平伟雄绿色板业有限公司（后改为广东松本绿色新材股份有限公司，惯称"松本绿色"）正式建立，成为全国第一大硅酸钙板（矽酸钙板）和纤维水泥板生产基地，扛起行业产品"绿色"环保大旗。从德国引进目前世界上最先进的生产设备和专利核心技术，采用国际上最新 SBN 和共挤出的生产方法，专业生产高科技环保幕墙装饰板材、防火隔墙、吊顶装修装饰板和 PVC 高分子发泡板等轻质防火板材，广泛应用于各类型建筑物的隔墙吊顶和防火隔墙，使建筑达到更实用、美观、节能、环保的功用，让人耳目一新。"松本绿色"一诞生，就惊动了中央电视台著名主持人水均益，其带领《发现之旅》栏目组，专门前来采访、对话，以一个"惊人的发现"为话题，向全国隆重推出。"松本绿色"不负众望，其赢得了"北京奥运会""上海世博会""广州亚运会""西安世博园""深圳大运会"等 1000 多个全国标志性公共建筑和高尚住宅、地下空间等大型工程的青睐和好评。"松本绿色"也因此被授予行业内唯一一家"国家级高新技术企业""全国名牌企业"等称号；成为绿色新型建材行业的龙头企业；成为装配式建筑国家标准的编制单位、广东省建设工程绿色发展协会副会长单位。2014 年 3 月 21 日，"松本绿色"公司在新三板成功上市，成为新三板首批全国企业集体挂牌的企业，"松本绿色"现已成为伟雄集团又一个成功的标志。

松本系军团屡胜屡战，在占领细分市场上屡尝甜头，也就更加激发他们继续扩张的"野心"。于是，在"松本绿色"问世两年后，2003年6月，松本系的第四大阵营——佛山市顺德区松本照明有限公司（惯称"松本照明"）鸣笛起航，宣布了中国一个新型照明新锐的强势出征。"松本照明"高定位、高起点，拥有国际现代先进的生产、检测设备上千台（套），拥有30多位专业研发工程师组成的集照明、灯具、电子于一体的研发中心，专业开发创造工程照明系列产品——灯盘系列、筒灯系列、消防应急灯系列、户外照明系列、路灯系列、天花系列、花灯系列。如同松本军团其他成员一样，"松本照明"不负众望，面世一年，就获得"国家监督检查达标信誉品牌"荣誉证书、"国家产品质量免检证书"。产品专利涵盖28类产品，上千种规格。产品通过英国BSI公司ISO9001：2000认证、国家强制性产品3C认证、国家消防应急认证。"松本照明"产品市场走俏，需求量日增，他们随之设立了以华东、华南、华北、华中、西南、西北、东北、山东八大总区和以顺德为中心的商务总部，销售网络现已覆盖全球30多个国家和地区，与墨西哥、西班牙等国家展开合作并建立长期战略关系。"松本照明"在业界引领节能时尚潮流，为民族品牌国际化做出了重大贡献。

  仅是松本系军团，在伟雄集团军中，便实现了家居"电工—智能—板业—照明"四大产业一体化！

  这在中国建筑终端产品行业成了独到的也是唯一炫目的一道风景！

第二十章

磨剑经年,大器见伟雄(二)

> 大方无隅,大器晚成,大音希声,大象无形。
>
> ——老子

春风百里尽是你。

20世纪90年代，林伟雄和他的事业，行走得更加自信、坚定和从容。

此刻，在同一个时间段，让我们转过身，再来看看作为伟雄集团第三品牌之师——"正野"系企业，在林伟雄构建的建筑终端产业帝国中，怎样开始加速扩军增兵，全面提升产业竞争力。

1995年盛夏，在高明新开辟的沧江工业园西园，广东正野电器有限公司宣告成立。正野电器基地占地面积18万平方米，拥有现代化厂房6万平方米，年生产能力450万台（套）。正野电器沿袭传承了松本电工先进的管理模式，加上灵活的股东合作方式，用了不到三年的时间，就成长为中国建筑通风换气电器及设备的王者。林伟雄率领他的正野军团，用别人难以置信却是铁一般的事实，给最初那些"不熟不做"的反对者和讥笑者以有力有据的回击。

于是，多项"中国第一"的纪录，便这样在林伟雄这些"土八路"的手中诞生：

业界第一台高级新型百叶窗换气扇；业界第一台新型防逆流活叶管道式换气扇；业界第一台带灯管道式换气扇；业界第一台浴室专用换气扇；业界第一台分体式管道换气扇；业界第一台太阳能换气扇；业界第一台高效节能无声换气扇……

自主开发制造出来的优质产品包括：高级静音装饰换气扇、豪华型低噪音空气幕、高级低噪音工业扇、柜式风机、轴流风机、混（斜）流风机、消防排烟风机、屋顶风机等大类别，110多个系列，千余个型号规格；还有风机盘管、空调机组、防火阀、消音器、装修风口、调节阀（门）等数百个型号规格的暖通附件产品，具备年生产200万台的超强能力。

毋庸置疑，正野电器是目前国内业界配套产品最齐全、规格种类最多的厂商，其市场份额占有率一直稳居国内前三位。在国际市场上，其卓越的品质已得到世界各地业界广泛的认同和赞许。正野电器成为行业唯一一家具有"一所三中心"的创新领袖型企业：通风换气扇电器设备研究所；空气动力测试中心、电机型式试验中心和噪声测试中心。获得国家专利100多项，填补了多项中国行业空白。正野品牌荣获"广东省著名商标""国家免检产品"等荣誉称号。正野公司被授予"中国定点生产企业""中国优秀民营科技企业""广东省高新技术企业"称号。

图 20-1　2007 年 8 月 9 日，林伟雄（后左六）陪同顺德区政协考察团一行在伟雄集团高明工业园花果山

"正野"，粤语的含义是"正品，真货，好东西"。目前，正野电器一如其堂堂正正的名字，不负众望，"正品"走正路，在振兴民族产业的正确轨道上，继续正气前行。"面向国内做品牌，面向世界做工厂"，统领中国静音装饰换气扇潮流，倾力于建筑通风换气电器及设备的创造创新，在暖通和流体力学工程技术方面始终独树一帜，先声夺人。

光荣与梦想，在林伟雄的创业史上，永远在路上。

让我们继续转过身，再来看看作为伟雄集团第四品牌之师——"威利坚"系企业的更多精彩：

1993 年，顺德威利坚机器有限公司成立；

1998年，顺德威利坚实业有限公司成立；

2000年，顺德新松威利坚自动化有限公司成立；

2002年，由广东伟雄集团控股的湖北鄂丰模具有限公司成立。

也就是说，不到10年时间，伟雄集团第四品牌军团"威利坚"系就从原来顾地厂的一个"维修车间"，发展壮大成为一个国家级"自动化领域生产线和专机研究、开发与应用"的产业群。威利坚总部设立在广东顺德，另在湖北鄂州拥有建筑面积达5万平方米的现代化生产基地。从推出第一台塑料挤出机至今，威利坚大军已转战民族产业20多年，成功开发国内第一条PVC双管生产线；制造第一条PPR双管生产线等，填补行业多项空白。威利坚创立之初，便自主成立研发中心，紧跟国际技术潮流，潜心研究挤出机的核心部件——齿轮箱和螺杆，并自行设计和制造。为我国大规模生产型企业提供现代化高效率的装配、检测生产线以及相关的自动化生产设备立下汗马功劳。威利坚实业公司则是国内较早研发门窗五金产品的企业，主要包括门窗多点锁、平开门锁、窗用不锈钢铰链、门窗滑轮、门合页、美式门窗配件，多国认证插头线、电源线、电子线；开发了许多行业的五金产品，包括家电五金、灯具五金、门窗五金、汽车五金、机械五金、卫浴五金等。产品畅销世界各地，多用于重点工程。湖北鄂丰模具有限公司是一家专业从事化工产品研发与销售的综合型高科技服务性企业，公司由一批化工领域的专业研究人员及从事多年化工销售的团队组建而成，能够及时为客户提供优质的技术支持与服务，主营化工、塑料模具、塑料机械、橡胶制品等。进入21世纪以来，威利坚研发坚持创新不停步，全面整合集团资源，与华南理工大学聚合物新型成型装备国家工程研究中心，以及多家知名管道企业建立战略合作联盟等，推出最新一代低耗环保的挤出主机和成套生产线，始终统领行业机器新潮流！

2001年6月，中国首届民营企业总裁特训营活动在德胜河畔举行，这是一次全面展示和探讨顺德企业实绩的盛会，伟雄集团作为顺德民营企业的先行者，被顺德工商联推举为主将之一，向来自上海、天津、四川、山东、山西等全国各地的200多位民营企业家展示自己的风采。广东伟雄集团总裁助理杨刚代表发言，道出了这个集团经营的奥秘和底蕴，一时博得了全场最热烈的掌声："伟雄集团的多品牌经营，推出一个成功一个，产品不仅风靡全国，还傲然出击国际市场，其秘诀：一是公司高层人格魅力大、信誉好；二是志向高、气魄大；三是定位准、目标长远；四是敢创新、步子稳。每年用于技术创新、产品开发等的费用高达上千万元，仅2000年，伟雄就有50多项专利向国家专利局申请。伟雄获得了国家无偿资助的800万元研发经费，这是国家首次斥巨资帮助民营企业从事国家级科技创新项目。整个伟雄集团在全国分为六大销售区域（中国香港有独立公司），经销商达数百个，营销网络遍及全国……"

第二十一章

"五子登科",李逵无奈战李鬼

> 渴不饮盗泉水,热不息恶木阴。
>
> ——陆机

问道无妨，假道有耻。

我国最早所说的"五子登科"，来源于中国民间谚语，说的是五代后周时期大臣窦禹钧，教子有方，其五子品学兼优，先后登科及第，故称"五子登科"。《三字经》也以"窦燕山，有义方，教五子，名俱扬"颂之。

20世纪90年代，流传于我国业界所称的"五子登科"，则是指广东伟雄集团经营的五个产品牌子——顾地、松本、正野、威利坚、得亿，五个牌子个个"登科及第"，领衔市场，成为广东著名商标、中国驰名商标或中国名牌产品。

然而，"五子登科"扬名之日，便是全国各地盗名侵权者前来"冒牌侵权"之时。30多年来，伟雄集团的"五子"——五个品牌，长期遭到那些假冒伪劣的无良商家过度的盗版侵权，不仅严重侵犯和影响各个品牌的正常发展，也使企业的品牌价值和品牌经济遭受到无法估量的损失。其中两起侵权案竟然成为闻名全国的年度案例——"松本"侵权案，被国家工商行政管理总局列为2000年反不正当竞争十大案例之一；"正野"侵权案，被国家最高人民法院列为2010年中国法院知识产权司法保护50件典型案例之一。

这让林伟雄和他的团队深受其害，头痛不已，此后，企业便走上了漫漫无期的维权之路。

1998年3月，林伟雄夫妇去了一趟加拿大，探望在维多利亚市留学的孩子们。十多天后回来，便听到顾地公司的商务人员反映，松本公司的合伙人在背地里推销一个叫"广州松本"的产品。他们赶紧派人调查，事情的严重性竟然令林伟雄夫妇大吃一惊：原来是合伙人利用经营便利，背着他们偷偷在广州等地注册了三个"松本"名义的公司，同时还利用顺德松本公司原有的销售渠道，兜售其"广州松本"的产品。

"广州松本"是故意侵权夺利，是知法犯法。

林伟雄立即派出了监察部人员和律师，展开了企业维权。随后得到的事实再次让人震惊：广州真X美松本电工有限公司另外还抢注伟雄集团的"顾地""正野""威利坚"等其他商标，共达80多件。同时，该公司还大量抢注了国内外知名企业的商标，如"松田"是用了顺德一家知名电器制造公司的字号；"TL王"是模仿"TCL王牌"；"施耐德"是用了施耐德电器公司的名称；"F&G"则是模仿美国宝洁公司"P&G"商标等，超越经营范围注册商标达171个，其中113个商标是用他人知名商标或知名企业字号做商标，而所注的又不属于防御商标或联合商标。据了解，广州真X美松本电工有限公司是一个一无办公场所、二无从业人员、三无经营活动场所的"三无公司"。

一系列事实昭然若揭，合伙人场所的做法完全是不正当且违法的竞争行为。大量"松本"商标被抢注和大量以"松本"做字号的企业出现，严重侵犯了顺德松本公司的商标权和名称权，给消费者造成误认，造成市场竞争秩序的混乱，从而给松本企业以及伟雄集团带来无法估量的损失。

这实在欺人太甚了！

可以预料，维权的过程将是十分艰难、曲折的，也是林伟雄至今都不堪回首的。

随后两年，经过多次取证、上诉等法律程序，以及伟雄集团多次的呼吁奔走，"松本"等商标被大量抢注的情况引起了国家工商局、广东省政府、广东省工商局以及顺德市政府和市工商局的高度重视。顺德市人民政府还专门向国家工商局商标局做了《关于伟雄集团有限公司商标被大量抢注的情况报告》，指出："这个问题如果解决不好，不但影响企业发展，而且涉及生存问题，希望商标局予以重视。"接着，广东省工商局于2001年2月24日向省政府办公厅许德立副省长做了《关于伟雄集团有限公司商标有关情况的报告》，指出："从我局所掌握的情况来看，邓X强在顺德松本公司任总经理期间瞒着林伟雄又在广州与他人合资成立了广州松本公司，并且以该公司的名义在非类似商品上大量注册与顺德松本公司等相同的'松本'

'顾地''正野''麦科特''施耐德'等商标，违反了《民法通则》中有关诚实信用的原则，属于不正当竞争行为，应当予以纠正。我局个体处根据国家工商局《关于解决商标与企业名称中若干问题的意见》，今年2月1日已书面通知广东松本电工有限公司于2月底前来办理名称变更登记。同时，也要求广州、江门市工商局变更容易与顺德松本公司及'松本'商标混淆的其他有'松本'字样的企业名称。至于伟雄集团关于撤销广州松本公司注册的'松本'等商标的诉求，根据《商标法》的有关规定，应由国家工商行政管理局商标局或商标评审委员会受理并裁定。"

图21-1　伟雄集团顾地（重庆）公司承办中塑协管道协会2012年会

为此，中央电视台也于2001年11月12日播出了这则新闻：被国家工商局列为2000年反不正当竞争十大案件之一的

"松本"被侵权案近日取得重大进展，广东省工商局已正式发文，责令广州市松本电工有限公司等三家以"松本"二字作为名称字号的企业变更其企业字号。"松本"是顺德市伟雄集团属下松本电工实业有限公司拥有、经国家商标局核准的注册商标。

到2002年3月9日，国家商标局经过认真调查，依法审理，认定广州市松本电工有限公司的行为有悖于商业活动中应遵循的诚实信用原则，易使消费者对标有"正野""GENUIN""顾地"商标商品的产地造成误认，属不正当申请注册他人商标之行为。因此，依法裁定广州市松本电工有限公司申请并经国家商标局初步审定的第1272862号等"正野""GENUIN""顾地"商标共计21件不予核准注册。也就是说，伟雄集团被抢注的80件商标有21件已经得到合理解决。

诚然，我们知道，这起个案，其实只是伟雄集团被侵权案例的冰山一角。

2009年11月，伟雄集团接到温州市"松本"经销商投诉，说该市有个署着松本二字的"正X松本电器有限公司"，其在产品上使用了"松本"商标，且该公司与顺德松本电工的产品同为一类产品，导致消费者误认为其属于顺德松本系列商标，给顺德松本带来很大冲击和损失。于是，伟雄集团在证据确凿的情况下，把"正X松本公司"告上北京市第一中级人民法院。三个月后，法院裁定："正X松本公司"的松本商标属于争议商标与引证商标已构成使用同一种或类似商品上的近似商标，判决予以撤销该商标。之后"正X松本公司"不服，先后上诉至国家工商局商标评审委员会和北京市高级人民法院，均被驳回，维持原判。然而，该公司仍然未改其名，伟雄集团唯有恼火愤慨，实在无奈。

让我们再看看伟雄集团另一个品牌——"正野"被侵权案，这也被国家最高人民法院列为2010年中国法院知识产权司法保护50件典型案例之一[①]。

这是一场打了十多年的"马拉松式"维权官司：

1998年，同在顺德区域的M正野电器公司及顺德光X集团，心怀不轨，前后申请注册了与伟雄集团"正野GENUIN"商标相近似的"正野ZHENGYE"商标，并在市场恣意使用。伟雄集团发现后，遂于2001年8月31日，将两公司起诉至佛山市中院，状告其为不正当竞争，要求其变更企业名称，不得使用"正野"字样，赔偿经济损失200万元，并赔礼道歉、消除影响。

2002年11月28日，佛山市中院审理后认为，两公司具有明显的攀附原告知名商标、引起消费者混淆之意，其行为构成不正当竞争。故一审判决两被告停止使用"正野"二字；停止在其企业名称中使用"正野"字号，并赔偿原告经济损失50万元。

---

① 详见2012年10月19日《中国知识产权报》。

M正野电器公司及顺德光X集团不服，向广东省高级人民法院提出上诉。2004年4月9日，广东高院审理认为，由于伟雄集团"正野GENUIN"商标并非驰名商标，不能使用驰名商标特殊保护和扩大保护范围的相关规定。故判决撤销一审判决，驳回伟雄集团的诉讼请求。

风烟不绝，一波三折。

伟雄集团当然不服，遂向国家最高人民法院申请再审。

2010年1月6日，最高人民法院于晓白审判长做出终审判决：

伟雄集团公司申请再审的理由部分成立，应予支持。二审判决适用法律错误，应予纠正。两被告于判决生效之日起立即停止使用侵犯伟雄集团"正野"字号权益的"正野ZHENGYE"商标；立即停止在其企业名称中使用"正野"字号；于判决生效之日起十日内赔偿广东伟雄集团经济损失合计552533元；于判决生效之日起三十日内在《羊城晚报》第一版刊登致歉声明，向广东伟雄集团赔礼道歉。

最高人民法院还判定：国家工商局商标评审委员会的裁定及北京法院一审、二审判决认定事实错误，其中商评委需重新就伟雄公司的商标异议复审申请做出裁定。

2012年4月16日，两被告公司收到商评委做出的重审裁定：依据最高人民法院再审判决，被异议商标与伟雄公司在先注册的"正野GENUINE""正野GENUIN"商标构成近似商标，不予核准注册。

但是，在收到重审裁定后，两被告公司再次向北京市第一中级人民法院提起诉讼，并表示不能单纯通过联想来判定销售渠道场所及消费群体是否相同或相近，从而认定商品是否构成类似，其实则是在拖延或抵触执行重审裁定。据《中国知识产权报》记者从商标局了解到，除此案外，被告公司自1997年至今，共申请了十余件与"正野"有关的商标，尽管该系列商标多已被伟雄集团提出异议，部分商标已无效，不过也有商标已被核准注册，如在饮料机、水龙头等商品上的"正野"商标。

面对如此事件，伟雄集团代理律师在接受《中国知识产权报》记者采访时表示，十余年的商标纠纷，已让伟雄公司"筋疲力尽"，对于被告公司申请的部分"正野"商标指定使用商品，如与伟雄集团的核心业务相差较远，该集团会选择"放弃"。这样做，也实在是无奈之举。

这十多年的商标纠纷案对于伟雄集团来说，已不仅是"筋疲力尽"，还是一场无法摆脱的长夜噩梦。

日后林伟雄在接受记者采访时，曾呼吁全社会为名牌的创立和发展创造一个良好的社会环境。他说："自从最早与合伙人抢注'松本'商标的纠纷开始，这么多年来，我们都要面临大量省内外的企业商标侵权。仅广东、浙江两地，以'松本'作为企业名称和字号的企业就达几十家，这使伟雄集团不堪其苦。抢注商标和企业名称'傍名牌'的出现，损害的不仅是商标与企业名称权利人的利益,还损害了我们广大消费者的利益。一个民族品牌不但是企业的财富,还是国家的财富啊!我们公司不怕国际知名品牌公开的竞争,却担心国内许多企业不正当的竞争。"

| 第二十二章 |

山前有路,山外有山

> 大直若屈,大巧若拙,大辩若讷。
> ——老子

顺德容桂环塘路8号，广东伟雄集团公司总部，大门口长长的墙壁上，一直镶嵌着八个巨型大字：山前有路，山外有山。

多少年了，这道数十米长的墙壁照样屹立，八个巨型大字始终不变，这里早已成为过往人群欣赏伟雄集团的一大"景观"。

这是伟雄集团的企业管理哲学，也是掌舵人林伟雄的人生座右铭。

那是1984年，在顾地塑胶基地从这片鱼塘中拔地而起之日，林伟雄就决定把伟雄集团的大本营设在这里，并把自己的人生座右铭用这八个钢铸大字表达出来，浮雕式地镶嵌到门前这幅60多米长的墙壁上，向世人昭示。让所有经过这里的行人，尤其是进入伟雄集团的员工，每时每刻都能强烈地感受到伟雄集团企业文化和精神的特有气息：

山前有路，山外有山。

——要自信自强，走自己的路，在面前大山挡路时，坚信车到山前必有路,此时有困难,最终定能跨越。

——还要好上加好,不自满停步,知道山外有山、天外有天、人外有人、路无止境,要永远谦和前行。

林伟雄把这作为座右铭来激励自己,也与他的创业团队一起共勉。其实,这也是林伟雄前半生的真实写照。

一个隐匿于乡间的村办小厂,20多年后,竟然蓬勃发展成为一个拥有13亿人口大国的行业翘楚,成为代表一个民族产业的品牌王国,这需要多强大的自信?要克服多少艰难险阻?要翻越多少"山外之山"?!

图22-1 花果山——伟雄集团顾地生态工业园的碑石,也是林伟雄的座右铭:"山前有路,山外有山"

第二十二章　山前有路，山外有山

2017年6月中旬的一个午后，刚刚度过73岁生日的林伟雄，在他的董事局主席办公室里，喝着茶，抽着烟，带着几分倦态的口气，向笔者做了一番这样的内心剖白：

做人嘛，总要有自己的道道，有点精神支柱的东西。我觉得几十年做企业捱过来真是不容易，有专家讲，我们这批人是新中国的"试验品"，所有运动呀、斗争呀、改革呀，什么样的风浪没经历过？我是1979年8月办厂的，起步早，那时改革开放才半年多，美的风扇的老何还要一年才开厂呢，我们算是最早一批人了。所以，能捱到今时真的不易。还有专家讲，中国民营企业平均寿命不到三年，那我们伟雄集团走到如今38年了，算算这个岁数，等于捱过13"代"企业，迈过13道"坎"了，也有记者讲我们是"打败了13位历史对手"，我们不但没倒，还一直走得这么好、这么稳，哈哈，有点小小得意吧。讲真心话，我个人也觉得，要为伟雄团队骄傲。但我想告诉大家，做企业这么多年，我基本上是靠着一个精神支柱，也是做人做事的信念，一路这么走过来的，那就是直白的八个字："山前有路，山外有山。"

例如，做PVC塑管，我们知道这东西是好的，但一开始做不成功，无论怎么样努力改进，产品出来就是不行。正常的研发根本找不到头绪。大家着急、苦闷，都没用。我就和同事们讲，不要急，车到山前必有路，总会有办法的，困难总是能解决的。之后我们抛开原有国产设备不要了，勒紧裤带下大血本，就买国外最好的生产线和技术，先"拿来主义"再说，人家是最好的嘛，我们拿过来就行了，为什么不这样做，非要自己去试呢？就这样，我们拿过来，才开出一条路子。然后，在成功的基础上，我们有能力了，回头再对现有设备进行仿制和技术改造、提高，接着就有自己的东西了，设备先进了，技术创新了，就把企业做上去了，这样我们就成了中国业界第一家"以塑代钢""以塑代木"的企业。可能现在看来，这是很简单的事，但当时来讲就很不简单。那个年代因为产品不成功，而改成买国外设备的做法是不多的，敢买外国的技术就更少了，并且是把全部资金都投入进去，一般人很难有这样的点子，也没有这样的胆量。可我那时还年轻，就始终坚持一条，很自信，也好强，相信山前有路，没有什么过不了的坎，你够胆够力，就跨过去了。

再讲一点，我们一路走下来，一路搞新品种，推出"四大家族"，做成"五子登科"（品牌）。仅是顾地一族，就在全国东南西北中布点，拥有八大生产基地，集团企业成群，最多时有20多个，那是要有点真本事才行啊！不停地扩大，不停地开新企业，大家可能认为是简单的事，以为办个手续，盖个厂房，做出产品，销售出去，就有钱收了。如果这么简单，中国每天都有那么多企业投资失败，几年就垮了，又是为什么？讲开来，办企业，成不成功，就是靠人，办一个企业要有人才，办多个企业更要有人才，你把人才用好了，你就省力了。其实，不管企业大小，总会有许多相似的问题的，如何组织好一个团队，从用好新人开始，第一个问题是如何把这些人的思想和力量聚在一起，这需要有一种特殊的思维和本领，为什么有的人就是有聚人聚财的能力？我这里所讲的聚人聚财是稳定赚钱的意思。那就是，这个带头人本身要有胸怀，要有多为大家着想的那份心思，对每个来到身边的人都要照顾好，有人情味，懂得感恩。所谓"海纳百川，有容乃大"，你对人家好，人家才乐意跟你，为你卖力。你这方面的人情分（数）高，就是你比别人本事大。所以做到大旗一举，各方面人才，如管理的、技术的、生产的、销售的，纷纷会聚到你旗下，各路人马都乐意为你服务、为你效劳、为你奔忙，这是给钱就可以简单做到的吗？中国有两句古话，一是"士为知己者死"，二是"女为悦己者容"，也就是说，你要做了解欣赏人才的"知己"，人家才乐意为你去"搏命"；你要使对方高兴，她才用心为你去"扮靓"呀。各路精英，纷纷投奔我林伟雄，为什么？我有什么魔力？只不过是，我开始办厂很辛苦，懂得靠众人帮扶才做得起来，这时就有个想法，也算是感悟吧，那就是，一个厂，最大的本钱就在于身边这班人。随后，我就把"员工是企业最大的本钱"这句话归纳出来，当作企业的"人才观"或"管理观"看待。我文化水平不高，没什么深奥的东西，我这是从实干中证明出来的，我觉得对自己企业有用，就让伟雄集团所有管理干部都统一思想，真正认识到每个员工在企业中都是重要的,不是管理书上讲的仅靠高级人才的作用,而是全部员工的作用。我们一直坚持把这点做到了,还要做好。集团高层始终相信,把所有参与企业的人组合在一起很简单,但是,要把大家的心聚合在一起,这才是关键。聚人就得聚人心,人在心也在才行。我们还要"换位思考",面对任何一个同事,都要先替对方考虑,把员工的思想顾虑和想法都充分考虑到,这样对待同事和员工,人心自然就有归属了。前天我们一起去看我高明的工厂,你一路看,一路赞,你是见过大世面的专家,你都这样惊奇,给这么高的评价。我也带过很多领导来高明看过,每次大家都给我们很多鼓励,我很感激。其中,你也发现了,我建厂有一个与别人不同的地方,就在于同时建了很多很好的员工宿舍,还建了很多员工高级别墅,我做那个园中山水大盆景,当时就花了几百万元。这是在20多年前,我就做了全国第一家企业所做的事情,为职工建高级别墅,免费送给员工享用,我们员工的吃住条件都是很不错的,都是大家满意的,有漂亮的住房、干净卫生的餐厅,有卡拉OK娱乐场所,有篮球场、乒乓球室等体育设施,还有几百亩花果场围着厂区,一年四季供大家休闲享用。企业方方面面都替员工考虑,提供了很好的生活、工作待遇,为员工利益着想,还要做到人性化。最初时,吸引全国各地很多记者来采访,报纸上都在说,伟雄集团创造出中国"第一家花园式工厂""最有人情味工厂"。按一般企业家的想法,企业解决了员工吃住问题就可以了，那些和企业效益没关系的投资是不肯花的，是浪费和奢侈的，但你若深刻理解伟雄集团的经营内涵，就知道我们是怎么想、怎么做的了。人心都是肉做的，大家五湖四海走到一起，无论一线工人，或是技术高管，都算是兄弟姐妹，为了一个共同目标，理应互相关心、互相照顾，什么时候都要用好这个"最大本钱"，有大本钱，才能做大事情。现在企业不是提倡"以人为本"的经营理念吗？空讲是没有用的，以实在条件留住人心才是重要的，人心真真正正留在你这儿，你才会做出好产品，你的企业才能基业长久。所以我爱讲"车到山前必有路"，也有另一层意思，那就是：一是相信人到用时必有用；二是人都有自己的本事，要善待善用。我林伟雄企业有今日，也是这方面的体现吧。

还有就是要明白"山外有山"。

这也是我一向做人的准则，什么时候都要清醒，事情一旦做好，企业一时成功，那都不算什么，就是做到国内行业最大，也微不足道。要明白：山外有山，天外有天，人外有人，创业无止境，追求无止境。所以，知道这点很重要。这些年来，抱着这个准则，我做成一个企业，或做好一个品牌，就总想着继续做下一个，我不会满足，也不敢满足，一山还有一山高，山外有山，天底下比你厉害的人多的是，说不定稍微停下来喝口水，人家就冲到你前头了，你就落伍了，甚至被淘汰出局了。如在国内塑胶行业，多年来我们顾地一直是老大，但近年来由于种种原因，没把持好，现在已被顺德的一家同类企业赶上了。所以，我们要保持清醒的头脑，时时刻刻都要有危机感、饥饿感，不能骄傲自满，像毛主席教导的那样，戒骄戒躁，虚心使人进步，再苦再累，也要一步一步向前行，只有向前行，没有回头路。我可以讲一句，不管伟雄集团发展到哪个阶段，在我看来，永远只有一个阶段，就是创业阶段，我们只有创业，没有守业，就算日后自己同自己比，看似做很大了，也只有创业，不能当成守业。因为业是守不了的，是靠创靠闯得来的。"创业，不停地创业"，这是我对伟雄集团的要求，也是对自己的要求。这也是我一直喜欢用"山外有山"来鞭策自己的理由。

第二十三章

踏石留印,与世界并行

> 举世不知何足怪,力行无顾是豪雄。
> ——曾巩

长歌当啸，力行无顾。

伟雄蓝图国内布局，已见累累硕果，但林伟雄却没有"小农经济意识"，小富即安而满足现状，他向来具有国际化视野，目光总比别人放得更远一点，从打响国内业界"以塑代钢""以塑代木"第一枪起，他就一直盯住更广阔的目标，那便是"情怀与远方"——让民族品牌点亮国际市场，让中华商业文明之光普照全人类。

这也是他与珠三角那些做不大的小老板区别最大的地方。

如果说，多元化和专业化的几近完美结合，成就了伟雄集团这个建筑终端产品王国，那么，融入国际经济合作与竞争的大潮，实现企业现代化、规范化、产业化，为全球人类物质文明增光添彩多尽自己一分力量，一直是林伟雄做实业的夙愿和使命。所以，赶在 21 世纪到来之前，林伟雄就及时语重心长地叮嘱大家：下一步，我们唯有与时俱进，与世界同步，加快国际化合作步伐，企业才有更大的出路。

1998年,在瞄准国际化市场目标的驱动下,林伟雄瞅准时机,毅然"亮剑",在顾地塑胶军团中,相继另立两大新材料"山头"——塑料门窗型材事业部和塑钢门窗有限公司宣告成立,项目投资逾亿元人民币,通过与加拿大P.H.TECH和德国KBE等国际伙伴的通力合作,先后从德国、奥地利引进全套先进的塑料型材及门窗生产设备,一起步就占领了国际工艺和技术的战略高地。

于是,顾地新军一举拥有最先进的德国莱梅特全自动混料系统以及德国克劳斯玛菲PVC型材挤出生产线12条,加上奥地利格瑞纳高速挤出模具98套、叶鲁四角焊机联线、李赛克全自动中空玻璃生产线等先进生产设备,一开始就在产品产量和档次上站在全国行业前列。由于应用了欧陆、北美的前沿设计技术,又因地制宜地针对中国地域气候和建筑多样性的特点,研发出具有鲜明的个性化、本土化的新品,年产塑料门窗异型材12000吨,成为我国生产高档塑料门窗型材大型生产商之一。

接着,顾地塑胶与美国著名建材采购集团的合作,标志着顾地塑胶实现了从OEM到自主品牌的转变,成功地将顾地的产品打入了欧美市场,把"顾地"这个优秀品牌全面推向世界。

自此,顾地也从"面向国内做品牌,面向世界做工厂"逐渐向"面向国内继续做品牌,面向世界敢于亮品牌"转变,为伟雄集团构建跨国企业布下了一颗颗重要棋子。

第二十三章 踏石留印，与世界并行

图 23-1　2012 年 11 月 6 日，林伟雄（右二）在美国参加世界顺德联谊会第八届恳亲大会

图 23-2　林伟雄（二排左五）参加顺德总商会赴美国、加拿大经贸考察团考察美国、加拿大

当然，这些伟雄新军的诞生，还是离不开林伟雄创业的"初心"——都是围绕建设"建筑终端产品王国"的蓝图展开的。

林伟雄一直认为，要成为高水准的制造企业，先进的设备与技术是必需的。为此，多年来伟雄集团不断在海外寻求合作伙伴，引进先进的制造技术，如德国的莱梅特、克劳斯玛菲、巴顿费尔德、叶鲁、莱茵、拜耳、比勒，法国的 Technax，瑞士的米克朗、山达维克、夏米尔，美国的通用、桑柏斯、杜邦，加拿大的 P.H.TECH.，意大利的新得多，奥地利的辛辛那提、格瑞纳、泰森，日本的松下、Amada、沙迪克、索尼，中国香港的震雄，中国台湾的华硕、华邦等著名企业，都与伟雄集团有着多年密切的合作。

与此同时，伟雄集团还实行互动交流的学习方式，每年派遣属下各公司的高级管理人员、高级工程师或项目负责人赴国外学习、进修或考察，同时聘请澳大利亚、德国、法国和奥地利的专家顾问加盟集团，并与德国 SES 组织，法国 ECT 组织、环境贸易协会联盟（FETA），国际能源工程师学会（AEE），国际建筑物性能仿真学会（IPBSA），中国科学院、北京科技大学、浙江大学、华中科技大学、华南理工大学等国内外诸多机构和组织进行紧密合作，全面提升并保证了该集团技术核心竞争力。

由于紧跟国际建筑行业发展态势，努力保证产品和服务的领先地位，伟雄集团获得了许多重要的国外客户的追捧，产品覆盖世界 60 多个国家和地区，从亚洲到欧洲，从非洲到北美，被广泛应用于重点或标志性建设工程。与跨国公司，如沃尔玛、百安居、家乐福、法雷奥、Lights of America、G&S PARTNER、Dula、Metal Press、 NPI、Maxim 等知名企业携手合作，共荣共赢，扬我国威。

继续以国际视野，义无反顾前行。这些年来，伟雄集团积极创办多个合资公司，努力参与国际竞合，责无旁贷，已取得累累硕果。同时，企业敢于进行股份制升级改造，从 20 多个旗下企业中，不断加强优秀培植，善于向社会和公众捧出最优质的品牌企业，大力推向 A 股上市、新三板上市等。凡此种种，使伟雄集团现代企业制度和运营模式逐步确立，实现了从民营企业家族化经营到现代国际化企业运营模式的蜕变。

第二十四章

家族企业经营者的自省

> 聪明睿智,守之以愚;功被天下,守之以让;
>
> 勇力振世,守之以怯;富有四海,守之以谦。
>
> ——孔子

历经 38 年创业生涯，林伟雄如今已进入古稀之年，由于子女们学成归来，分掌了伟雄企业管理事务，他便过早地在集团领导的位置上被"边缘化"了。对此，顺德的媒体在谈到这一"现象"及"后果"时，曾有过不少的异议，孰好孰坏，评说不一，我们也不宜在此妄下结论。

的确，说到伟雄集团今日的大业时，林伟雄本人也坦然承认，因为后来自己患病和家庭问题的拖累，2005 年以来，集团公司治理结构不够完善，在重大经营问题上，董事会、董事局无法把持全局，在集团产业发展方面，没有形成清晰的整体发展战略；在决策机制、执行机制、监督机制上也存在较大的问题，尤其是资金管理不够规范；集团与下属公司之间的管理关系有的不十分舒畅；集团对各公司运营过程和重大资源利用方面缺乏协调和控制；各公司经营情况参差不齐。这些问题较严重地影响了伟雄集团整体的健康发展，尤其是耽误了不少重要机会，错失了快速壮大的良机，致使伟雄的事业未能如期持续稳步发展，自己一直有一种壮志未酬的痛心和负疚。

对此，林伟雄还发自内心地和笔者做了一次访谈，一开头，他就神情严肃地这样说：

"我想向社会道歉，我希望企业家都不要犯错误，那样不单是累了自己，累坏了子女，也累了国家。要是做企业，做老板，就必须将国家利益、社会利益、员工利益和合作者利益放在前头，而不是你个人的事情。我今日想谈的，就是想向社会和朋友们表达一下我的衷心答谢，再就是深深的歉意，这些年来，我还有很多事情没做好，对不起很多人，我很内疚，我想得到大家的理解和谅解。"

下面，让我们一起听听林伟雄的心声：

第一件事：

2005年春，中国电气建筑规范大会在青海举行，因为是专家会议，其中只邀请两个企业家参加，国内的是我，国外的是世界500强ABB集团驻中国总裁。ABB是电力和自动化技术的全球领导厂商，很有影响力，所以我们伟雄集团能参与这样规格的会议，也可以看出行业对我们的重视。就在这次会议上，由广东省建工集团青海公司总经理马黎介绍，我们获得了青海德令哈氯碱三项项目，这也是出自同一条产业链上的发展考虑的，是适合我们开发的。氯碱三项是指烧碱、PVC和电石，烧碱是重要的基本化工原料之一，用途非常广泛；PVC是工业化的塑料品种之一，可制成各种管材和板材、型材、薄膜、电缆线等制品；电石即碳化钙，主要用于产生乙炔，是重要的基本化工原料。这些都是与我们顾地塑胶的生产息息相关的，这也引起了我极大的兴致，我邀请北京顾地的孙总和北二化工厂邸涓林总工一起前往德令哈考察。氯碱三项项目所在地是在海西州的格尔木地区，那里是中国最大的碱业生产基地，周边200千米拥有盐、石灰石、煤矿资源，储量多、品位高、容易开采，价格低廉，发展制碱业有得天独厚的优势。我们决定建设一个60万吨纯碱，总投资为30亿元，年产值42亿元的氯碱三项项目。青海省政府对我们的到来十分重视，时任宋省长几次接见我们，还指定一个副省长全程跟进，作为青海省经委和海西州政府与我们合作的重点项目对待，我那时身体不是太好，他们还指派一位医生跟着我，生活、工作都照顾得很好。该项目于2005年7月19日在"青洽会"上签约，我们以30亿元签约额拔得头筹，震惊全省。协议中还包括给我们一个5亿吨煤矿区、一个36平方千米的盐矿场，还有一个石英石矿山。按预算，项目建成后，每年可产60万吨PVC产品，光是我们顾地塑胶基地自己就可以消化掉，当时产品产出成本是3000元/吨，卖出价是7000元/吨，每吨最少赚3000元，年利润达到18亿元。当时还确定，我方只要投资1亿元，余下的由青海省政府、银行支持。整体条件都是非常优惠的。我们集团开过董事会，统一了意见，大家都认为这个项目很好，同意定下来做，财务人员也跟着去了。考虑到资金负担问题，我于当年10月，还找到有财力的梁氏两兄弟，邀请他们一起加盟，经过考察、论证后，约定共同开发，筹建青海化工有限公司，拟按出资比例入股。但是后来，家庭成员突然不同意资金投入，要求无条件放弃，我觉得这样太轻率不好，随后做了很多补救工作，但仍然无法挽回局面。我认定这是我做企业以来遇到的最好的一个大项目，又是青海省政府督办的，有政策扶持，又具有参与国家西部大开发的意义，关键是这个项目是我们产业链上的延伸，项目产品出来后我们自己就可以消化，是稳定赚钱的项目，经济效益难以估量。但是，就这样夭折了，非常可惜。我至今一想起此事，就感到难受，我对不起青海省政府和有关下属州市的领导，对不起那么多关心和支持这个项目的朋友，我愿意借此向大家表示歉意，请求能得到大家的原谅。

第二件事：

1995年，江门新X新摩托车厂需要扩大生产，拟招商扩股，他们觉得我们合适，经朋友牵线，找上门来洽谈。当时国内摩托车生产厂家还不多，产品销售市场很好，一台能赚1000多元，利润丰厚，前景吸引人。大家经过一番接触了解，意向十分相投，认定双方为合适的合作伙伴，决定注册1亿元，让我方投资2500万元，占股25%，当时我们在资金方面也有足够的实力，但在最后决定投入时，又因为家庭成员"不同意"，在内部否决了。我力争不来，觉得好可惜。后来，这个项目被日本的本田公司接手了，他们同样看到这是个大商机。果然，就是这个厂，现在成了我国最大的摩托车生产厂之一，效益相当好。

第三件事：

2001年，恩平做摩托车零件的谭老板找到我，他在中国温泉之乡恩平市大田镇建设锦江温泉度假村，拟扩股，想让我投资600万元，占25%股份。我到那里考察了，发觉自然环境条件相当优越，我虽然不是做这行的，但我对项目审理过后，认定日后利用这里得天独厚的温泉，可以做成一篇很大的文章，很有搞头的，我就答应出资合作。但是和家人商量后，又是遭到反对，不肯投资，最后无奈放弃。现在，锦江温泉度假村已成为集旅游、饮食、娱乐、保健、商务、会务、休闲和大型露天温泉于一体的中国温泉文化经典旅游度假胜地，是江门新八景之一、国家AAAA级旅游景区，每年产生几千万元的利润。这机会又浪费了，很可惜，也对不起诚意邀请我合作的朋友。

第四件事：

2002年，我们和J单位出资2.85亿元，决定从事开发健康度假房地产项目，购买下月亮湾地块3000多亩，我们占股51%，对方占49%。月亮湾项目坐落于广东阳西沙扒镇海滨，拥有沙滩、海洋、岛屿、温泉等资源，是个复合型的旅游度假城。在第一期工程开发时，资金有点紧张，碧桂园杨国强老板知道后，两次亲自前来找我洽谈。杨老板是我们顺德人，大家熟口熟面，知根知底，他十分乐意和我们一起共同投入开发，我们谈得很好，我知道能傍上这家全国房地产老大，日后将会前途无量。但是，后来由于家庭内部意见存在分歧，我们中途退出了，没法达成这次合作。这个项目我们不仅花了大量的人力、物力，还花掉几年心血，丢失了数十亿元，以至于失去了一次与碧桂园合作、学习的好机会，损失的东西太多了。

第五件事：

2005年，港资企业X德公司有六个工程师，慕名来到我们集团。他们都是国内注塑机制造的专家，想投身我们旗下的威利坚机械公司，利用双方优势，即我们的平台和资金优势、他们的技术优势，共同将注塑机产业做优做强，对此我是举双手赞成的，因为我一向对技术人才特别看重，有了专业人才的企业就有了最大成本，我历来是这样看待的，所以，我主张加大投资4000万元，给六个工程师配干股，当作股东吸纳进来一起合作，让威利坚注塑机生产如虎添翼，做到全国最大。但是，最后又是因为"家庭原因"，不同意吸纳，无法合作，这六个工程师后来分别去了广州搏X、东莞东X和伊之X。之后，这些工程师加盟的几个厂，由于注入了当时最新最强的技术力量，都发展得相当快速，有的已成为业内最大的厂商之一。我们正因为失去了这次难得的机会，有关产业也慢慢被追赶、被超越，损失极大。这一直让我感到遗憾，我也对不起那几位准备投奔我的优秀人才。

说到这里，我还要对伟雄集团旗下公司多位股东、合作者表示真诚的答谢，他们是顾地科技有限公司股东张振国、沈朋、孙志军，正野电器公司股东吕植良和余炳华，威利坚公司的股东梁汶、孔令卫、谢世雄、陈为群，深圳松本先天下公司股东张建滨，松本板业的股东李明、韦骏等。我们为着共同的事业和目标，有着多年愉快的合作，有些甚至与我们一起打拼了20多年，我一直看重我们之间的情谊和缘分，我对大家表示深深的敬意，同时，也想在这里坦诚地告诉大家，因为诸多原因，这些年来我这个老大哥对大家关心不够，照顾不周，留下很多不尽如人意的问题，也少不了有得罪大家的地方，在此，我恳切地向各位表达我的歉意并希望能得到大家的理解和谅解，我老林乐意永远做大家的好朋友、好兄弟……

图 24-1　林伟雄在顺德大会堂与企业家们一起分享创业心得

中国建筑终端产品之王林伟雄

图 24-2 伟雄集团向贵州贫困山区排调民族小学等学校捐赠助学资金仪式

笔者知道，林伟雄是一位负责任、有担当、有使命的民族企业家，其内心足够强大，其灵魂也能自觉自省，这更能体现出他对做大企业永不满足，永远追求卓越的大情怀、大梦想，我们应该以欣赏和尊敬的态度待之。诚然，如此真诚正视的心声，如此敢于"亮丑"的勇气，如此大度自信的胸怀，若能引起更多后辈和追随者的警觉与借鉴，将是颇有教益的，而对促进企业社会的成长和进步，也是有积极意义的。

第二十五章

雄才辈出,奋楫者进(一)

> 贤者在位,能者在职。尊贤使能,后杰在位。
>
> ——孟子

中国改革开放走过40个春秋,作为近代民族工商业和当代乡镇企业的发源地,顺德这块806平方千米的弹丸之地,已诞生了包括伟雄集团在内的近2万家民营企业。"可怕"的顺德民营企业家,以特有的传统商品意识和"实业兴邦"的社会责任感,追逐光荣与梦想,书写了一个个创业传奇,林伟雄是其中的佼佼者。

我们看到,当代顺德的经济发展史,亦是一部顺德人家族财富的创造和积聚史。眼下,历经30余年的财富求索之后,一直走在中国前列的顺德经济,已进入一个新的拐点与转型,财富家族迎来接班传承、"换代创业"的高峰期,第一代顺商开始逐步退居幕后,第二代顺商正在低调地接过接力棒,在传接中期待新突破、新作为。创始人应该如何传承家族财富、价值观和企业文化,让家族精神绵延流长,保持企业可持续发展,保证家族基业长青,正经受着由此带来的诸多困顿与忧虑。

林伟雄和邱丽娟夫妇有四个孩子,前两个是女儿,后两个是儿子。夫妇俩在育儿方面似乎也如做事一样讲究质量与效率，他们1978年结婚，第二年便有了第一个孩子，随后三年孕育了三个孩子。此后，夫妇俩便全身心投入事业中。邱丽娟从1983年起抛开家庭事务，正式进入顾地公司，先是从仓库保管员做起，之后任职财会部门，1995年担任顾地公司经理兼管财务，1996年广东伟雄集团公司成立时起担任总经理职务，协助董事长林伟雄管理集团工作。在早期孩子还小、企业快速成长时期，林氏夫妇依靠两人同心协力艰苦打拼，有着过人的胆识和市场嗅觉，敢于抓住和利用一切发展机遇，加上安排在本企业内工作的亲属们的帮扶，并善于发挥企业五湖四海人才的积极作用，使带有强烈家族企业色彩的伟雄集团得以顺风顺水，不断成长壮大，如此大业善果，也是他们家族的造化。

与当代珠江三角洲很多家庭相似，林伟雄夫妇也是很早就让孩子们出国接受西方教育的。1996年春，他们在加拿大投资置业后，孩子们便获得了当地入学资格。姐弟四人在列治文市读完中学后，分别考上 Victoria（维多利亚）大学经济学、管理学专业，有意偏重企业和经济管理方面的国际化高等教育，以便日后辅助以至掌管家族事业。2004年起，大女儿林超群学成归来，便直接进入伟雄企业参与管理工作，随后几年，小女儿和两个儿子相继大学毕业回国，也都进入家族企业参与公司或部门管理。由于林伟雄身体长期受到顽疾的严重困扰，无法正常管理集团业务，因此过早地让出集团总裁等主要领导职务，

图 25-1　2012 年 8 月 15 日，顾地科技股份有限公司上市庆典答谢酒会

图 25-2　2012 年 8 月 5 日，林超群在顾地科技股份有限公司上市庆典酒会上致辞

只是还挂着董事局主席的"头衔",集团公司日常主要事务实则已由大女儿林超群负责,日后,林超群还担任顾地科技股份有限公司董事长、广东顾地公司董事,兼任甘肃顾地公司、河南顾地公司、马鞍山顾地公司、重庆顾地公司董事长及董事等多个职务。也就是说,自林超群回国接手家族企业管理开始,广东伟雄集团实际上已经进入"林氏二代"接棒时期。

笔者在 20 年前就结识了林伟雄,那时他身体也略显清瘦,却没有眼下这么瘦弱,也没有这么多岁月沧桑。当时只有 50 出头的这位"顺德大佬",带着他那支 6000 多人的队伍勇闯江湖,创新进取,让他始终野心勃勃,对做大做强企业的干劲丝毫未见减退,以致后来上了中国百富榜,名震珠江三角洲。然而,岁月匆匆,十余年后再见到他时,他已被"闲"在董事局主席办公室中,一边和我喝着下午茶,一边吸着闷烟,并用着有劲使不出的口气,抱着对企业现状的诸多困惑和惋惜,向我倾吐满腹心声,在此仅节录其中一小段:

"2000 年的时候,我身体开始变得很差,病痛也多了起来,因为早期创业辛苦,有时一日才能吃上一餐,以致患有严重胃病,吃了很多中西药,还有很多民间偏方,一直没见好转。那年在九寨沟参加全国电器工程学会会议,听信当地导游的话,吃了一种叫'朱砂莲'的草药,没想到造成肾中毒昏迷,血肌酐达到 780,正常男性这一指标是 53~106,差点连命都丢了。

随后整整六年都降不下来，还到广州住院治疗，基本无法管理公司事务，集团陷入无序状态。所以，伟雄集团的交接有其特殊性。又由于某些原因，在交接过程中，没有'传、帮、带'这个必要环节，让担子过早，也不太合适地压给后辈们了，没法达到'平稳'过渡，也算是接力赛中的'掉棒'落地现象吧。当然，这不能怨他们后来人，这是我们管理上的失控失误，现在我们还在努力补救。"

应该说，笔者算是朋友中比较了解他的一个，同时也很理解他的说辞，其实世间很多事，大都是"人算不如天算"，所谓"谋事在人，成事在天"也是这个道理。

林伟雄随后还是做到"风物长宜放眼量"，他说："江山代有才人出，反正我们这辈人早晚得交班，就算是提前交点学费吧，这是免不了的。"

似乎还是要承认：广东伟雄集团的步子，后来还是慢下来了。

不过，我们也欣喜地发现，近10年来，林氏四姐弟已把家族企业的发展重任扛在肩上，他们同心协力，各尽所能，各自精彩。事实证明，伟雄事业后继有人，且已呈现崭新的局面，这也让林氏夫妇深感欣慰。

长女林超群是第一个回到企业，并首揽集团全局管理的，至今已达13个年头。她现在是广东伟雄集团总裁，还身兼数职，深得前辈信任。林超群以新人的力量接棒后，鉴于正值国内材料价格持续高涨、运输成本高企、企业管理成本大幅上升时期，她毅然聘请了著名管理咨询专家在公司坐镇，通过两年多的培训、导入和运作，着力在传承和创新父辈的企业管理机制基础上，结合从西方学来的先进管理理念，让伟雄集团逐渐建立起自己的一套全新的、更为制度化的管理模式。

随后，扛起伟雄集团管理大任的林超群，显然是感到"学而知不足，思而知远虑"，所以乐于主动进取，积极参与各种有关专业培训和实践活动。2006年春，顺德工商联组织当地民营企业家到中央党校培训，林超群陪同父亲一起参加，深受教益。同年8月成立顺德区民营企业投资商会，林氏父女也积极参与组织和建设，分别担任第一届会长和常务理事职务、第二届荣誉会长和副会长职务，热心与顺德众多企业家一道，为促进本地经济繁荣和发展做出自己的贡献。

这些年来，林超群的领导力日见提高，尤其是在扩大发展顾地塑胶产业规模上，更是下了一番苦功，并全面取得显著成效。顾地科技股份有限公司是湖北省高新技术企业，尤其是所在地鄂州的龙头企业，在湖北省政府和社会的大力支持下，林超群带领顾地团队通过多方面的努力和争取，将父辈曾试图把顾地整体改制上市一事，终于变为事实——2010年8月16日，顾地在深圳证券交易所A股成功上市，实现了中国塑胶管材行业领跑者的华丽转身。顾地塑胶制造业也从最初的PVC护套管，发展成为横跨 PVC、PE 和 PPR 三大系列以及 40 多个品种 5000 多个规格的综合性塑料管道大产业，成为国内塑料管道行业为数不多的实现全国布点生产、年产超过 10 万吨、销售收入近 20 亿元的企业，成为企业所在地的纳税大户。

2012 年 8 月 7 日，在顾地科技新股发行网上路演时，我们领略了这位年轻董事长的风采和心声。在交流时网友问道："请问林超群董事长这么年轻就管理一家这么大的企业，有什么心得可以分享？"林超群谦逊得体地回答："顾地科技是一个规范运作的公司，我们企业有今天这样的成绩，不是一两个人努力的结果，而是我们整个经营管理团队的功劳。所以作为顾地科技的董事长，能领导这么一个高效、团结的队伍，我个人感到十分的荣幸。我愿意与公司经营团队继续努力工作，带领顾地科技向更好的方向发展。谢谢！"

可以看到，伟雄大业，正在勃发，伟雄人才，正在辈出。

第二十六章

雄才辈出,奋楫者进(二)

> 良马难乘,然可以任重致远;
> 良才难令,然可以致君见尊。
> ——墨子

"江山代有才人出，各领风骚数百年"。这也符合人类社会发展变化的辩证规律。

这些年，处于成长期的伟雄事业"创二代"，正逐步走向"各领风骚"的时代，虽然整体形势还远未达到"一片大好"，甚至有时还"如履薄冰"，使"创一代"的林伟雄时有忧虑和担心，但是，从林氏家族未来事业发展前景来看，任何的阵痛和代价，都是成长的使然，实在不足为奇。

伴随长女林超群进入伟雄集团的，还有长子林昌华，其在家中排行老三，生于1982年。小学毕业后，林昌华进入碧桂园中英文学校就读，14岁时姐弟四人一起移民加拿大，先是在列治文市读完中学，后考上 Victoria（维多利亚）大学经济学专业，接受企业和经济管理方面的国际化教育。2005年毕业后，与姐弟们都选择回国参与家族企业管理不同，林昌华并不急于回国，他一个人留在加拿大"打工"，以体验和获得更多海外市场管理的历练，意在为日后辅助自家企业管理做好准备。从中，我们也可以看出这位林家长子的襟怀开阔、志存高远。

在加拿大维多利亚某大型建材超市，林昌华打工三年，居然没有人知道这是一位中国富豪的儿子。他与一般的员工没有两样，工作兢兢业业，尽职尽责，颇受主管的器重。林昌华至今仍然不悔自己当时这一"磨刀不误砍柴工"的做法，他对笔者说："我最初进公司，经理只教我一个上午，第二天就要独立上岗了，业务还不太熟，好在客人也体谅，慢慢上手，一个月就熟悉了。出入货都是电脑化，可以查到所有分店资料，店内有监控，用人少，一个主管，下面是三四个员工，大多都是外国人，日常交流用英语，这使我的英文水平提高很快。我各个部门都做过，开始是汽车配件，以服务为主，后调入电器部门，又要学知识，又要记英文单词，利用一切时间，尤其是客人不多的时候强学英语。工作时间性强，一星期做足40小时，也不会多给钱，但如果少了1小时，下星期就得补回来，时间量化，效率相当高了。员工主要是线上培训，我公司的业务员，三四年就可以晋升经理，是有激励机制的。在那里做特别能锻炼自己的独立能力。当时，我家企业的产品也有进入加拿大的，如排气扇、节能灯、开关产品等，我一直有计划让我们的产品进入大型商场的设想。所以坚持在那边做，也是一种体验和学习吧。"

笔者对林昌华的第一印象很好，小伙子长得英俊帅气，看上去比实际年龄还要年轻，属时下追星族喜欢的"小鲜肉"类型，却显出超过同辈的成熟和稳重，待人接物有礼得体，言谈举止颇有涵养，衣着朴实随意，看不到一点富家子弟骄奢淫逸的习气，说话始终带着微笑，给人一种职场上精明能干、儒雅内敛的形象。那天午饭时分，我们在咖啡厅谈事情，父亲林伟雄给他去了电话，他即刻从公司那边赶了过来，很有礼貌地和大家寒暄过后，便选了个靠着父亲的位置坐下，然后静静地听候父亲的一番嘱咐。知道他还没来得及吃午饭，父亲随便给他点了一碗重庆小面，他没什么讲究也不推却，便高兴地吃了起来，父子俩关系显得平和不拘，让人羡慕。我们也有几分感慨：和很多年轻的"富二代"相比，这家的接班人，算是合格"入位"了。

图 26-1 2015 年 2 月 6 日，林超群（左四）与林昌华（右二）陪同广东省、湖北省工商联领导一行考察顾地公司

林昌华2010年回国，先是在伟雄集团企业旗下的松本电工及正野电器公司担任大宗材料采购经理。这是一个生产企业十分关键的部门，被称作成本中心，更是利润中心，但在伟雄集团多个企业的管理上，这方面一直是薄弱环节。林昌华从高处着手，先摸清公司的成本结构，从原材料采购上游出发，围绕控制成本、采购性价比最优的产品等方面开展工作，不断大胆尝试，取其精华、修改弊端，对采购管理、供应商管理、制度流程管理、计划管理、合同管理等整个供应链运作实行整改和完善，力求最大限度地控制成本，为公司节约每一分钱，以保证公司利润正常化和最大化。例如，由他主持实施的战略采购，仅PC材料一项，就由原来的2.2万元/吨压低到1.6万元/吨，每年可节省成本数千万元，几乎相当于贡献了一个中型生产企业的年利润。

方显身手，便才华初露，林昌华的表现也深得父母欣赏。此时顾地公司正在筹划上市，需要提升业绩，父母便给他压担子，让他到高明顾地公司任总经理。林昌华不负众望，很好地配合大姐林超群的工作，成为了一名得力助手，又一次出色地完成任务。谈起那段经历，林昌华说："我从2010年到顾地上市，一直是拼命'跑业绩'，做好了高明顾地这边的工作后，根据需要，又调到湖北顾地科技公司担任副总裁，兼营销中心总监，更紧密协助大姐的工作，主抓营销，搞规划，定指标。建立大客户部，跑的地方很多——广州、上海、重庆、北京等地，建立起一批大客户，主推大客户运营，与恒大、万科、保利、龙湖、越秀等地产界巨头都建立了很好的战略合作伙伴关系，更好地完善了售前、售中、售后服务，使公司的营销工作有了新的突破。随后又按公司发展的要求，对原有架构进行创新，增设了一个新事业部，注重开发新产品和使用专利，成功开发设计出'同层排水'和'单立管排水系统'，取代国内传统落后的双立管排水管网系统，这一创新工艺的推出，使建筑管网的排水量增大，又节省了用料，成为行业的一个新趋势，为推动管道行业可持续发展做出了贡献，赢得了广大客户及行业内相关单位的高度认可和肯定。这也是我们值得自豪的事情。"在助推公司上市的那两年，林昌华一直驻守在湖北鄂州，以公司为家埋头工作，很少与顺德家人相聚，耐得住寂寞，这也得益于他多年在国外留学和工作的历练。鉴于他的管理能力，伟雄集团适时给予信任和培养，让其相继担任集团公司董事、高明顾地总经理、佛山顾地总经理、松本照明董事长、广东顾地董事、佛山正野电器董事、广东松本板业董事等多个职务。现在，林昌华已成长为林氏家族事业发展中的中坚力量。

次子林昌盛，排行老四，是林家最小的孩子，却是与哥哥林昌华同年出生，只相差 10 个月，这有点让人觉得不可思议，也惊叹造物主的神奇。同龄却不是孪生的同胞哥俩，都是高颜值，长相也极其相似，常常令人分不出谁是兄谁是弟，连笔者头一次见到他俩时，也为此"疑惑"了好一阵子。不过，两个人的性情与处事风格等,还是有较大差异的,当然也能达到互补,林昌盛从小就比较淘气,性格外向一点,年少时也会叛逆,更敢作敢为。因为是同龄人,他与哥哥青少年的学习和生活经历几乎一样,乃至在加拿大读大学也都是在同一所大学和同一个专业,只是2005年在Victoria（维多利亚）大学经济学专业毕业后,林昌盛选择回国加入家族企业管理,而哥哥则留在加拿大打工体验,但殊途同归,兄弟俩都是同一个心愿:日后回到家乡顺德掌管自家企业,合力把家族事业做大。

此时,大姐林超群已掌舵伟雄集团一年。这年林昌盛才23岁,他的第一份工作是负责接管集团属下的一家贸易公司,任总经理。公司主要销售遥控开关等电工产品以及代理加拿大家居装饰材料,这也是伟雄集团旗下极少的只从事产品销售的单位,林昌盛对这一行业并不熟悉,但他愿意尝试去做,工作态度端正,也有热情,虽然管理公司业绩不算太突出,但年利润能略有盈余,两年下来,他说自己从不懂到懂、不熟到熟,学了不少东西,也算是一种成长吧。之后便是接管顾地塑钢公司,这是顾地塑胶产业中的一个新门类,作为原先"以塑代钢"的创立单位,顾地要在"塑钢"中杀出一条新路,这意味着对生产和消费市场都是一次考验,后来证明市场不太接受,推广难度大,接着,随着湖北顾地科技公司的上市,伟雄集团对相关经营范围做了调整,便停止了顾地塑钢公司的运作。这一事件显然对林昌盛的从业思路也是一次冲击。这时他在林氏企业已工作五年，做了两个不同经营性质的公司负责人，但他认为都是集团的附属业务，他不太喜欢，有想法，觉得有才不能施展。于是，2011年，有朋友邀他一起合作开公司，一下子激活了他的"创业理想"，他便不顾一切地脱离了家族企业的束缚，毅然与朋友一道出外"合作"了。

怀着满满的创业热情，已经在家族企业里有着五年管理经历的林昌盛选择了自立门户，投入300多万元，与朋友先后进入了饮食和健康两个行业，决意要大展身手大干一场。殊不知，他这次脱离家族出来单干，与他原来所从事的行业完全不同，更属陌生的领域，意味着又要重新学习和适应，加上对项目预判不当，与合作方经营理念和思维不统一，尤其是健康产业产品还未成熟，市场定位不好等诸多因素，注定了他要为自己的轻率举动付出代价。

林昌盛在与笔者聊起他的这段经历时，已经颇有一番感慨："做生意，一定要有管理基础，不要单纯追求效益，要踏踏实实，如果管理不踏实，其他就会失去方向，要有适合发展的战略决策，建立一套好的管理机制，找准市场定位，树起自己的品牌，才能获取好的收益。"林昌盛及时接受了"市场"教训，忍痛止血，关闭了两家亏损公司，在外"闯荡"两年后，于2013年8月又回到家族企业。自此，林昌盛开始担任集团公司董事、松本电工电器有限公司副总经理兼松本事业部总监，协助总经理林超明工作。笔者与林昌盛做了几次深入的交谈，感

图 26-2　林超明（右一）、林昌盛（左一）与广东省建筑装饰材料行业协会会长兰芳（中）在松本·正野新品发布会上

觉是很好的，看得出，这些年来，这位志在传承发展林家事业的年轻人，已有着一定的企业管理能力和知识积累，也对自己的事业和人生有着更高的理想和追求。他告诉笔者："我们这代年轻人，父母这辈已为我们铺好了发展平台，企业产品品牌有了，社会品牌也有了，关键是到了我们手上，如何才能把它做得更好；父母都是包容自己的孩子的，上辈的优势、好的传统不能丢，我们要把知识、智慧、实干、创新结合起来，同心合力，把伟雄集团的事业推向一个新的时代。"

次女林超明，与林氏姐弟三人的成长经历几乎相同，同一年入籍加拿大，同样是考上维多利亚大学，只是姐弟们都选读经济学专业，唯独她选读管理学专业，似乎更看重企业的组织、领导等管理知识，以便为日后回归家族企业管理做好准备。2005年学成回国后，如同顺德碧桂园老板的两个女儿一样，林超明也是自然进入自家企业，与前一年已在伟雄集团董事会担任正职的大姐林超群一起，她被委任为集团副总裁一职，同时还担任松本电工和正野电器公司总经理职务，这是伟雄集团旗下业绩仅次于顾地的两大公司，从其重要地位也可以看出林氏企业对林超明信任和期望的分量。

"闻道有先后，术业有专攻。"2017年2月底，我们见识了这位管理学出身的林家后起之秀。按惯例，每年新年一开工，便是召开林超明极为重视的松本、正野品牌年度绩效工作会议。作为两个公司的总负责人，林超明正在组织她的团队，对新一年的松本、正野品牌营销规划"放大招"——她肯定了公司在经济处于困局中的2016年度营销工作所取得的成绩，分析了计划营销工作面临的内外部形势，提出了2017年的工作思路和目标，部署了新一年计划营销的重点工作。此外，提出"2017，乘风破浪"的年度口号，推出新年"三板斧"：一是新产品不断升级占有新市场，各区域全面与经销商配合，在政策、促销方式、宣传展示、跟踪服务等方面给予充分支持；二是实施不同区域不同商家的推广政策，一切为抢占市场而共同努力；三是积极做好线上自媒体的空中链接，快速发展成为松本、正野商家和终端消费者的聚居、交流、互动平台，让品牌真正成为忠实粉丝的家。其报告总体决策明晰，思路正确，重点突出，细致到位，深得同事们的赞同，也显示出这位年轻管理者的自信力和领导力。松本、正野各相关部门负责人都信心满满地表示，要听从指挥，促进自我提升，加强创新能力，打破现存局限，与经销商同在同行，全面完成落实目标和任务，期待活出不一样的精彩。

图26-3　2017年6月8日，广东省建筑装饰材料行业协会会长兰芳为伟雄集团4家公司颁发副会长单位牌匾和证书（林氏姐弟三人在发布会上：林超明（右三）、林昌华（右一）、林昌盛（左一））

四个月后，林超明又组织、主持了一次业界很有影响力的活动——"悦自然·悦美好——2017年松本和正野新品发布"，广东省建筑装饰材料行业协会及广东省建筑装饰设计协会给予大力支持，一批国内有关设计专家、工程师前来共同见证，献计献力，使之更快更好地将松本、正野的新品推向市场，占领高端。身兼两大协会会长的兰芳女士在致辞中对此表示赞赏："伟雄集团总裁林超群、副总裁林超明带领企业精工细作，切合市场变化需求，执着于潮流产品的研制开发，用新技术引领企业，注重新产品的时尚设计、人性化功能设置，以优秀的品牌引导人们的现代消费观念和消费品位，谱写了一个卓越成长的企业传奇，令业界赞叹！"她表明自己特别欣赏伟雄集团"未来科技世界，悦为己任，永不止步"的追求和理念，希望企业发挥自身优势，与协会同尽担当之责，共同提升行业全产业链的运作效率，创造更多价值，从而实现互惠互利，共赢发展。协会一直致力于开拓"一带一路"市场，将推动伟雄集团开拓国际市场，让广东品牌成为世界品牌，愿中国创造成为世界创造。

其实，伟雄集团的事业，已全面由年轻一代接任。从2004年林超群回国担任要职起，至今姐弟四人分别在企业中负责相应职务，林氏家族的"创二代"，已经走过了13年的创业之路。我们看到，他们并没有像其他家族后代那样想着去"守业"。林伟雄夫妇这辈创业人，从改革开放浪潮中一路走来，在摸爬滚打中建功立业，随着岁月的流逝和企业的不断成长，他们也必须正视人生和事业发展的客观规律，不管是乐意还是无奈，他们只能放手提携，与时俱进。所以，林伟雄夫妇现在做的是"扶上马后，再送一程"的工作。作为新生代，林家姐弟当然是幸运的，一起步就可以站在巨人的臂膀上，又有足够可以"挥霍"的青春和本钱——学历高、视野宽、创意多、冲劲足。我们更愿意相信，日后他们是可以超越前辈的。

诚然，在与林伟雄谈起孩子们的接棒问题时，这位已经73岁的创始人多少还是有点思前顾后，无法完全放心，其实，这也是所有家长的"通病"，人之常情无须多虑。"富不过三代"，人们认为这是一种定律、一种宿命。但是，我们可以从华人首富李嘉诚的一段话中觅得一个新的答案："我昨天刚与一位欧洲著名家族成员吃午饭，他们已经有五代的成功历史，十分有修养、有礼貌。中国有句古话'富不过三代'，但今天的教育、组织不同，令事业可以继续，相信这句话日后可以得到修正，正如这个欧洲家族今天的事业比过去任何一代都要好。"

我们有理由相信，在今天这个全球经济化、知识化时代，已经继承林伟雄优秀基因的子女，还有深深烙着林氏大商基因的企业，一定能很好地传承林氏家族良好的家风，延续父辈优秀的创业风范，加上"今天的教育、组织不同"，新一代更具备优势和高度，更有望巩固和发展，势必生生不息。江山代有才人出，长江后浪推前浪，中流击水，奋楫者进，是规律，也是必然。林伟雄开创的伟雄事业，必将在他的传人中发扬光大，延续传奇！

2017 年 10 月 16 日

写于广州阅海屋

后　记

这是出于一次朋友之间心灵的承诺。

20年前,我随省政府有关领导到珠江三角洲考察,接触了不少单位和个人,林伟雄主席和他的伟雄集团,就是那个时候认识并结交的。当时伟雄集团正在准备庆祝成立20周年活动,他们的产品做得很好,已有扬名全国的"五子登科"(五个品牌),如"松本电工""顾地塑胶""正野电器"等,都是替代进口的民族牌子,消费者一直以为这都是"洋货",口碑相当好,撑起国内市场半壁江山。地方政府对这家公司也很重视,皆因这是顺德万家民营企业中的佼佼者,对民族产业的创造和发展做出了很大贡献,负责宣传的领导还特地嘱咐我,要多关注他们。

我明白他们的意思,也乐意把这个义务接下来,后来便与林伟雄主席成了朋友。自然,我们有过不少深入的交流和认识,多年后对林主席的事业、人生便有了更全面的了解和体会。可以说,让我感受最强烈也是最佩服的,便是这位珠三角本色企业家对事业追求的专注执着和实业奉献精神。39年来,林伟雄只执念做好一件事，那就是做建筑物终端所需的产品，创造了包括中国驰名商标在内的5个著名品牌，做了很多"中国第一"的事情，填补了多项国内空白，造福于我们民族乃至人类文明，同时也缔造了一个平民百姓白手兴家的创富神话。这就很值得社会尊重和拥戴。我们也看到，林伟雄是我国改革开放后最早"出道"的中国民营企业第一代创业者，亦是在我国传统老板断代史上横空出世的新时代老板，其带有强烈的时代感和"中国本土特色"。在他39年筚路蓝缕的创业征途上，浓缩着一个新时期民族企业家的奋斗足迹和心路历程，为我们留下弥足珍贵的一个民族工业文明的模本和典范，我们了解和记录下这一"历史瞬间"，其实应该是有着鲜明的历史印记和现实意义的。

在我知道的"广东四小虎"之一的顺德——这个806平方公里的弹丸之地，已诞生了两个产值超2000亿元的产业集群，崛起了美的、碧桂园两家世界500强企业，培育了39家规模超10亿元的民营骨干企业，涌现出一批在全国乃至世界都有影响力的"隐形冠军"企业。伟雄集团只是其中的佼佼者之一，只不过这是一个非常低调的企业，人们只知道其产品品牌，但对企业的经营做法知之甚少，更莫谈对领头人林伟雄的了解。然而，当我们要真正触及顺德改革开放40年民营企业的发展史实时，伟雄集团显然是不可或缺的重要一页，如若要感知和理解"可怕的顺德人"，兴许也可以从中找到相应的答案。

后　记

　　于是，在纪念祖国改革开放迈向 40 载光阴之际，我回应了多年前的承诺，对老朋友林伟雄和他的事业做了一次粗浅的梳理和回顾，把一个见证和参与民族复兴 40 年历史的民营企业简史用文本记录下来，试图让我们记住有这么一群人、有这么一个民族产业，他们来自民间、来自草根百姓，他们用自己的智慧和汗水，完善了自己和他人，提升了人生的价值和意义，创新了一页中华文明，他们正是我们这个经济建设年代的"民族英雄"，我们应该记住他们、正视他们，向他们致敬。

　　这便有了眼下这本书。仅仅是为了朋友的纪念。

黄承俊
2018 年 3 月 29 日写于广州